STEFAN REBENICH, geboren 1961, studierte Klassische Philologie und Geschichte an den Universitäten Mannheim und Oxford. Seit 2005 lehrt und forscht er als Professor für Alte Geschichte und Rezeptionsgeschichte der Antike an der Universität Bern. Als begeisterter Gärtner schreibt er regelmäßig eine vielbeachtete Gartenkolumne für die Frankfurter Allgemeine Zeitung.

STEFAN REBENICH

Der
KULTIVIERTE
GÄRTNER

*Die Welt, die Kunst
und die
Geschichte im Garten*

KLETT·COTTA

Klett-Cotta
www.klett-cotta.de
© 2022 by J. G. Cotta'sche Buchhandlung
Nachfolger GmbH, gegr. 1659, Stuttgart
Alle Rechte vorbehalten
Cover: Rothfos & Gabler, Hamburg
unter Verwendung einer Abbildung von © akg-images (Der alte Faun,
Santiago Rusiñol, 1861–1931, Cason del Buen Retiro, Madrid)
Gesetzt von Dörlemann Satz, Lemförde
Grafiken im Inhalt: © akg-images (Teil 1); © The Stapleton Collection /
Bridgeman Images (Teil 2); © Bridgeman Images (Teil 3); © Medici /
Mary Evans (Teil 4); © akg-images (Teil 5) und © Tom Chalky (Vignetten)
Gedruckt und gebunden von Friedrich Pustet GmbH & Co. KG, Regensburg
ISBN 978-3-608-98634-1
E-Book ISBN 978-3-608-11844-5

Bibliografische Information der Deutschen Nationalbibliothek
Die Deutsche Nationalbibliothek verzeichnet diese Publikation in der
Deutschen Nationalbibliografie; detaillierte bibliografische Daten
sind im Internet über http://dnb.d-nb.de abrufbar.

Inhalt

Dritter Teil:
In der Geschichte

Vierter Teil:
Mit Feder und Pinsel

Fünfter Teil:
Für die Gesellschaft

Hinführung:
Gartenbildung

Ein kultivierter Gärtner – was soll man sich darunter vorstellen? Der Untertitel legt vielleicht eine Fährte: Es ist ein Gärtner, der sich nicht nur mit seinem eigenen Garten beschäftigt, sondern der diesem Thema in der Welt, in der Kunst und in der Geschichte nachspürt. Ebendiese Fährte will das vorliegende Buch aufnehmen. Die verschiedenen Beiträge sind durch eine übergreifende kulturgeschichtliche Perspektive verbunden: Der Garten wird als Lebensraum und Kulturobjekt verstanden. Die einzelnen Abschnitte sind epochenübergreifend, behandeln verschiedene Räume und berücksichtigen die globalen Implikationen des Gegenstands. Auch wenn kein streng chronologischer Durchgang und keine erschöpfende Darstellung geboten werden, also keine »klassische« Gartengeschichte, wird dem Leser und der Leserin hier mehr als ein bunter Strauß überreicht, der nur die persönlichen Vorlieben und Idiosynkrasien des Autors spiegelt. Dieses Buch erhebt den Anspruch, anhand der behandelten Fragen zwar ausgewählte, aber durchaus repräsentative Zusammenhänge der Gartengeschichte zu beschreiben. Zwischen den einzelnen Kapiteln gibt es zudem zahlreiche Querverbindungen.

Der erste Teil *Durch das Jahr* bietet jahreszeitspezifische Beiträge und Pflanzenporträts; der zweite *Um die Welt* lädt ein zum Besuch von ausgesuchten Gartendestinationen in Europa und Übersee; der dritte *In der Geschichte* versammelt bekannte und weniger bekannte Memorabilien aus der Gartengeschichte; der vierte *Mit Feder und Pinsel* spürt dem Garten in Literatur, Musik und Malerei nach, und der fünfte Teil *Für die Gesellschaft* widmet sich schließlich sozialen, kulturellen und ökologischen Zusammenhängen und verweist auf die Aktualität des Themas.

Der Band will informative und zugleich unterhaltende Lektüre bieten. Deshalb kann er ganz, aber auch abschnitts- oder kapitelweise gelesen werden. Selbstverständlich findet sich mancher praktische Tipp, der im heimischen Garten umgesetzt werden kann. Adressiert werden sollen kultivierte Gärtnerinnen und Gärtner, die ihrer Passion in einer »vornehmen, gebildeten, zivilisierten Art« nachgehen, wie es im »Duden« unter dem Stichwort »kultiviert« heißt, »die auf einem über Generationen hin erworbenen Grad geistiger und sittlicher Verfeinerung beruht«. Wie das französische *cultivé* verweist das deutsche Pendant damit auf Bildung als zentrale Herausforderung für jeden Gärtner und jede Gärtnerin.

Der Begriff »Gartenbildung« ist verhältnismäßig jung. Das Grimmsche Wörterbuch kennt ihn nicht. In der hortologischen Literatur taucht er vereinzelt seit dem Beginn des 19. Jahrhunderts auf; retrospektiv wurde er mit dem Landschaftspark englischer Provenienz verbunden. Freiheit und Bildung fanden in scheinbar naturbelassenen aristokratischen Parks, aber auch in Volksgärten zusammen, in denen die starren Formen des älteren französischen Stils, das heißt der nach strengen geometrischen Regeln gestalteten Barockgärten, aufgebrochen wurden und sich die Kunstregel plastischer Landschaftskunst nach der Natur orientierte.

Doch Gartenbildung als Gegenstand reicht bis in die klassische Antike zurück. Die europäischen Gärten und Parks haben sich seit dem Humanismus in vielfältiger Weise immer wieder auf das antike Vorbild bezogen. Die suburbanen Villenbesitzer der italienischen Renaissance beispielsweise imitierten die Ideologie eines senatorischen Lebens, das zwischen der ländlichen Villa und der Stadt oszillierte. In Tivoli präsentierte sich der humanistisch gebildete Kardinal Ippolito d'Este als eigentlicher Bewahrer des antiken Erbes und diffamierte das Rombild des asketischen Ordensmannes Pius V., seines päpstlichen Rivalen. Gärten des Barock und Rokoko dienten als monumentale Kulisse der aristokratischen Herrschafts-inszenierung nach antiken Vorlagen. Auf den Terrassen von Sans-souci schuf Friedrich II. nach den literarischen Texten von Horaz und Vergil einen großartigen *locus amoenus*. Klassisch gebildeten Gentlemen verdanken wir den liberalen Landschaftsgarten; in der Gartenanlage von Stowe im englischen Buckinghamshire be-stimmten die römischen Tugenden, die *virtutes Romanae*, die der Historiker Livius um die Zeitenwende kanonisiert hatte, die The-matik und Typologie der Skulpturen.

Die britischen Inseln waren der Ausgangspunkt der neuen Gar-tenbildung, die zumindest auf dem europäischen Kontinent im letzten Drittel des 18. Jahrhunderts Verbreitung fand. Der eng-lische Park distanzierte sich von der barocken Garten- und Land-schaftsgestaltung. Er zelebrierte die ungebändigte Natur, in der das Individuum seine Blicke und seine Gedanken frei schweifen lassen konnte. Noch zu Beginn des 20. Jahrhunderts stritt man da-rüber, ob das formale Prinzip zu viel geometrische Abstraktion in die Gartenbildung hineintrage, die letztlich zu einer Vergewalti-gung der Natur führe.

In diesem Sinne bedeutet Gartenbildung den Ausgang des Menschen aus seiner selbstverschuldeten gärtnerischen Ignoranz. Diese emanzipatorische Bildung ist inzwischen demokratisiert und, zumindest im Westen, nicht allein abhängig von ökonomi-schen Ressourcen. Der Gärtner ist ein freier Mensch, der seine Zeit für die Gestaltung des eigenen Nutz- und Ziergartens und damit für die Entdeckung seiner selbst verwenden kann. Im heimischen Grün vermag er seine eigene Befriedigung zu finden, die wieder positiv auf seine soziale Umwelt wirkt. Das gilt auch für die tradi-tionellen Schrebergärten und die modischen Projekte des »Urban Gardening«.

Gartenbildung verbindet theoretisches und praktisches Wissen. Man muss sich im Gestrüpp des Unterholzes und der Ratgeber sicher bewegen, die nächstjährige Staudenblüte imaginieren und die Astschere gekonnt ansetzen, die Fruchtfolge im Hochbeet vorausschauend planen und die Kompostmiete flink umsetzen, die Bodenbeschaffenheit korrekt analysieren und die Blumenzwiebeln rechtzeitig setzen. Für die visionäre Kraft der Gartenbildung ist die eigene Erfahrung durchaus wichtig. Wer erinnert sich nicht an seinen ersten Garten? Den Duft der Lieblingsrose? Die Panstunde unter dem alten Obstbaum? Doch man sollte nicht allein auf emotionale Zugänge vertrauen, die zwar bleibende Eindrücke hinterlassen, aber oft keine nachhaltige Erkenntnis bringen.

Jede kultivierte Gärtnerin und jeder kultivierte Gärtner weiß aus Erfahrung, dass Erfolg und Scheitern im Garten zusammengehören. In der schnelllebigen Zeit gemahnt die Arbeit im Garten zu Bescheidenheit, Demut und Geduld; sie ist ein ideales Mittel der körperlichen und geistigen Entschleunigung – und eine zeitgemäße Form der Kontingenzbewältigung in der modernen Gesellschaft. Hinzu tritt die Einsicht, dass die Sorge um den Garten immer den Austausch mit dem Anderen voraussetzt, die Offenheit für Neues, Fremdes, Unerhörtes. Zu dem sinnlichen Genuss tritt das intellektuelle Vergnügen; beide sind umso größer, wenn man sie in der Familie, mit Freunden, mit Nachbarn teilen kann. Garten und Leben kommen so zusammen, werden aufeinander bezogen, bedingen einander. Zugleich hat jeder Gärtner an der Gestaltung der Welt teil, denn er trägt mit seinem Garten, auch wenn er noch so klein ist, Verantwortung für das gesamte ökologische, soziale und politische System. Gärtnern bedeutet die Auseinandersetzung mit sich selbst und mit der Gesellschaft.

Heute sind wir indes in der paradoxen Situation, dass zumindest in der westlichen Hemisphäre zwar alles für den Garten verfügbar ist, aber die Unmittelbarkeit der individuellen Erfahrung mehr und mehr verloren geht. Gärtnerisches Gestalten wird an vermeintliche Experten delegiert und rasch wechselnden Moden unterworfen. Die einen sind mit dem Billigangebot aus dem Gartencenter zufrieden, die anderen ersteigern exklusive Gehölze zu horrenden Preisen. Hier legt man mit viel Geld exotische Anlagen an, dort ist die globale Massenware der monotone Schmuck der Vorgärten. Der totgesagte Park ist auf diese Weise wirklich tot. Was kann dagegen helfen? Nur Gartenbildung.

Und die beginnt einmal mehr in der klassischen Antike. Am Anfang der abendländischen Literatur beschreibt Homer eindrücklich im siebten Gesang der *Odyssee* den herrlichen Garten des gastfreundlichen Phaiaken Alkinoos, in dem Äpfel und Birnen, Feigen und Trauben, Oliven und Granatäpfel reiften (7, 112–132). Auch Laërtes' Landgut auf Ithaka findet ausführlich Erwähnung, wo Odysseus seinen betagten Vater mit einfachem Werkzeug das früchtereiche Gelände bestellen sah. Unter dem hochgewachsenen Birnbaum vergoss er bittere Tränen, als er des Kummers des alten Mannes gewahr wurde (24, 219–234).

Aus dem griechischen Altertum ist aber vor allem die philosophische Begründung der Gartenbildung auf uns gekommen. Die bedeutendste antike Philosophenschule wurde von Platon bald nach 387 v. Chr. in einem athenischen Hain eingerichtet, der nach dem attischen Heros Akademos benannt war. Die platonische Schule hieß deshalb Akademie. Von Platon nehmen wir die Gewissheit mit, dass Erziehen und Gärtnern durchaus vergleichbar sind. Im Dialog *Phaidros*, dem der berühmte Gräzist Ulrich von Wilamowotz-Moellendorff den herrlichen Titel *Ein glücklicher Sommertag* gab, erzählt Sokrates von einem Gärtner, der den Samen, von dem er Früchte haben möchte, in der südlichen Sommerhitze in einen Kasten sät und sich daran freut, dass er in acht Tagen bereits prächtig aufgeht; aber noch schneller sind die Pflanzen wieder verwelkt. Diesem stellt Sokrates den Gärtner gegenüber, der den Samen nach den Regeln der Kunst ausbringt und wässert; er wartet dann geduldig zu und freut sich schließlich, wenn er im achten Monat eine reiche Ernte einbringen kann (*Phaidros* 276b1–c5). Erfolg ist nicht rasch zu haben, weder in der Erziehung noch beim Gärtnern. Hier wie dort ist gewissenhafte, anstrengende Arbeit gefordert. Platon verweist zugleich auf unser individuelles Potenzial, als kluge Gärtner die Verantwortung für unsere Pflanzen und damit für uns selbst zu übernehmen. Der Garten spiegelt das Individuum, das ihn erschaffen hat, und das darüber entscheidet, was schön und gut ist.

Zu Platon tritt Epikur, der 306 v. Chr. in seinem Garten in Athen eine Schule gründete und sich auf die Suche nach einem Leben machte, das frei von Schmerz und Furcht sein sollte. Körper und Geist wurden in diesem Garten gepflegt und die natürlichen Bedürfnisse wie Hunger und Durst gestillt. In der sicheren Distanz zum politischen Geschehen und im exklusiven Kreis der Freunde fand man Friede und Freude. Der Epikureismus war eine apolitische, ja antipolitische Philosophie, die auf die zeitgenössischen Verhältnisse mit Rückzug, aber nicht mit Resignation reagierte. Die Polis als bürgerliche Lebensform war in den hellenistischen Monarchien obsolet geworden. Von Epikur sollten wir mithin lernen, dass der Garten dem Mensch Freiräume eröffnet, die er in der Geschäftigkeit des Alltags nicht finden kann. Dennoch ist Gärtnern in der Tradition Epikurs keine Reaktion auf den Verlust der politischen Partizipation. Dies wäre ein neuzeitliches und damit anachronistisches Missverständnis; Epikur würde quasi mit den Augen Voltaires gelesen werden, der in seiner aufklärerischen und kritischen Novelle *Candide* den großen Gartenbauer Leibniz verspottete und die satirische Maxime propagierte: *Il faut cultiver notre jardin* – »Man muss seinen eigenen Garten bestellen«. Epikur indes verkündete keineswegs die privatistische Botschaft, nur den eigenen Garten zu pflegen und sich um den anderen nicht zu kümmern. Das Bestellen des eigenen Gartens ist vielmehr ein Bekenntnis zur sozialen Verantwortung.

Doch es bleibt die Diskrepanz zwischen individueller Selbsterkenntnis und kollektivem Stil, die unsere gärtnerische Jetztzeit charakterisiert. Hier können die Alten keine Antwort geben, aber vielleicht Georg Simmel, der brillante Außenseiter unter den Ahnvätern der deutschen Soziologie. Der hatte zwar mit Gärten wenig am Hut. Aber seine *Philosophie des Geldes* kann den Ausgangspunkt für die Entwicklung einer zeitgemäßen Gartenbildung markieren. Denn die von ihm präzise erfasste Vielfalt der Stile und Strömungen verdichtet sich nicht zu einem normativen Ideal. Der Pluralismus der kapitalistischen Moderne ist im Garten angekommen, die Kultur der Dinge übersteigt auch hier die Kultur der Menschen. »Der Mangel an Definitivem im Zentrum der Seele treibt dazu, in immer neuen Anregungen, Sensationen, äußeren Aktivitäten eine momentane Befriedigung zu suchen; so verstrickt uns dieser erst einerseits in die wirre Halt- und Ratlosigkeit, die sich bald als Tumult der Großstadt, bald als Reisemanie, bald als die wilde Jagd der Konkurrenz, bald als die spezifisch moderne Treulosigkeit auf den Gebieten des Geschmacks, der Stile, der Gesinnungen, der Beziehungen offenbart« (*Philosophie des Geldes*, München/Leipzig ⁴1922, S. 551).

Die Ambivalenz der modernen Gartenkultur könnte kaum präziser charakterisiert werden. Nur die kultivierte Gärtnerin und der kultivierte Gärtner vermögen als autonome Persönlichkeiten aus ihren schöpferischen Kräften einen individuellen Gartenstil zu kreieren. Gartenbildung bewahrt also vor dem unsteten Wechsel der Vorlieben und Moden, wie sie unsere heutige Konsumgesellschaft auch im Grünen postuliert. »Bei dem großen und schöpferischen Menschen strömt die einzelne Leistung aus einer solchen umfassenden Tiefe des eigenen Seins, dass sie in diesem eben die Festigkeit, Fundamentierung, das Mehr als Jetzt und Hier findet, das der Leistung des Geringeren aus dem von auswärts aufgenommenen Stil kommt. Hier ist das Individuelle der Fall eines individuellen Gesetzes; wer dazu nicht stark genug ist, muss sich an ein allgemeines Gesetz halten« (Georg Simmel, *Das Problem des Stiles*, zitiert nach: Gesamtausgabe, Bd. 8, Frankfurt a.M. 1993, S. 383). Die erkauften Arabesken einer nur scheinbaren Individualität sind obsolet. Dies bedeutet jedoch auch, dass Gartenbildung etwas Besonderes und Individuelles ist, keine Massenware, die man im Gartencenter um die Ecke finden kann.

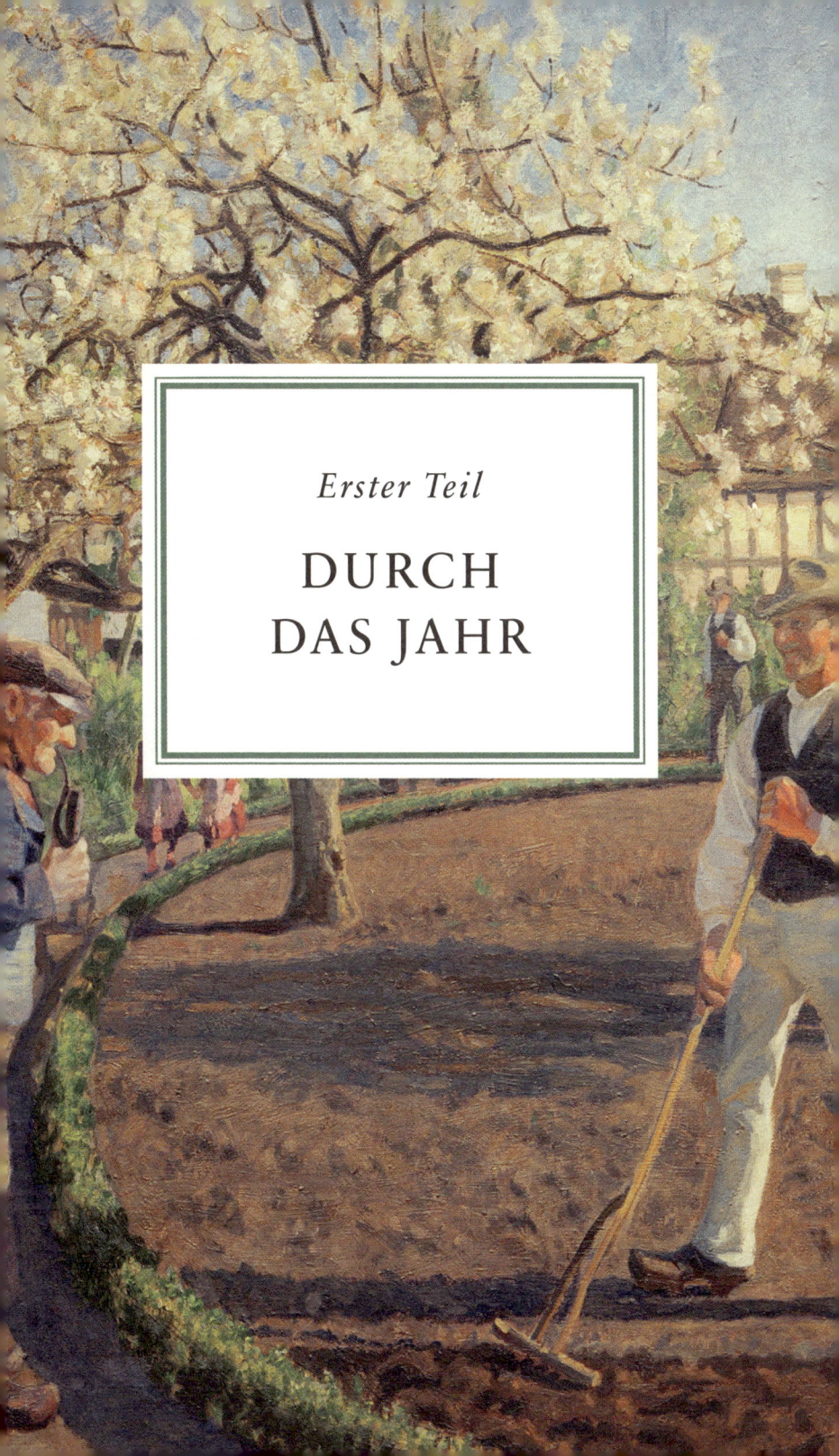

Erster Teil

DURCH
DAS JAHR

Gärtnern im Spiegel der Jahreszeiten: Inspirationen von Vincent van Gogh

N ähern wir uns unserem Thema mit einem ausführlichen Zitat: »Ich habe eine Reihe Farbstudien gemacht, indem ich einfach Blumen gemalt habe: roten Mohn, blaue Kornblumen und Vergissmeinnicht, weiße und rosa Rosen, gelbe Chrysanthemen; ich suchte die Gegenüberstellung von Blau und Orange, Rot und Grün, Gelb und Violett, suchte gebrochene und neutrale Töne, um harte Gegensätze auszugleichen, versuchte, intensive Farben wiederzugeben und nicht etwa graue Harmonien.« Von dem genialen Maler Vincent van Gogh kann man mehr über Gärten lernen als durch redselige Ratgeberliteratur und trendige Youtube-Clips. Denn dort wird entweder das breitgetreten, was erfahrene Gärtnerinnen und Gärtner ohnehin schon wissen, oder der *dernier cri* der hortikulturellen Massenproduktion gepriesen, der das Portemonnaie belastet, den Garten aber nur kurzfristig aufhübscht.

Nach den dunklen und grauen Wintermonaten begeistern uns alle im Frühling die ungestüme Kraft des Wachstums und die herrliche Pracht der Blüten. Und im Sommer können wir uns an der grünenden Zier nicht satt sehen. Der Herbst wiederum fasziniert durch sein unendliches Farbenspiel. Genießen kann man die Gaben der Natur jedoch nur dann richtig, wenn die Vielfalt des Möglichen durch planende Voraussicht gestaltet wird: Es braucht individuelle Entwürfe, die nicht von der Stange zu haben sind; sie müssen selbst erarbeitet und umgesetzt werden. Dabei sind mit

Vincent van Gogh vier grundsätzliche Überlegungen zu berücksichtigen, um dem Garten den Schmuck zu verleihen, den er verdient.

Beginnen wir mit der Farbe. Nichts ist im Garten wichtiger! Wenn die Rabatten aussehen wie die Palette eines Schulmalkastens, wird die komplette Optik ruiniert. Eugènes Chevreuls Farbtheorie ist für Anpflanzungen von Blumen und Sträuchern geradezu tödlich: Sie führt direkt in einen platten Kolorismus. Experimentieren Sie mit den Farben der blühenden Pflanzen, wie van Gogh in seinem eingangs zitierten Brief an den englischen Maler Horace M. Livens im Sommer 1886 beschrieben hat. Wählen Sie Ihre Favoriten für den Garten oder Balkon aus, und versuchen Sie vorausschauend, die sechs Hauptfarben: Rot, Blau, Gelb, Orange, Lila und Grün in Einklang zu bringen. Sie werden in jeder Jahreszeit ihren individuell gestalteten Garten lieben und, wenn es denn sein soll, Preise gewinnen!

Nicht minder wichtig ist das Element der Bewegung. Auch hier können Sie von van Gogh lernen. Räumliche Plastizität lässt sich durch eine geschwungene und kurvenreiche Linienführung herstellen. Die Linien im Beet sollten natürlich und spontan aussehen; manieristische und artifizielle Elemente sind unbedingt zu vermeiden. Unverwechselbar wird der Garten durch die dynamische Rhythmisierung von Flächen, die abwechslungsreiche Integration der Gartenräume und die vertikale Strukturierung durch verschiedene Ebenen. Kombinieren Sie zum Beispiel bänderweise gepflanzte Traubenhyazinthen mit Narzissen unter Laubgehölzen, die den Zwiebelblumen noch ausreichend Licht lassen.

Alle Freude auf das Gartenjahr bezweckt dabei nichts, wenn sie nicht mit einem unstillbaren Verwirklichungsdrang einhergeht. Die Lust auf den Garten muss Sie bereits am frühen Morgen mit den ersten Sonnenstrahlen erfassen, und die Leidenschaft für die Arbeit im Beet darf Sie bis zum Abend nicht verlassen. Alle Sinne sollen angesprochen werden. Der Garten muss ein Ort kreativer

Selbstverwirklichung sein, in dem Sie sich im Frühjahr, Sommer, Herbst und Winter von vorgegebenen Stereotypen und überkommenen Klischees emanzipieren. Das Experiment ist allgegenwärtig. Auf diese Weise wird der Garten zu einem unverwechselbaren Stück der eigenen Biographie.

Schließlich sollten Sie von van Gogh lernen, sich vom Alltäglichen zu befreien und das Wichtige wahrzunehmen. Doch was ist Ihnen wichtig? Die blühenden Obstgärten im Frühjahr und die leuchtenden Sonnenblumen im Sommer? Die weiten Felder mit Tulpen und Mohnblumen? Der blühende Mandel- oder Oleanderzweig in der Vase? Was immer Sie im Garten tun, halten Sie sich an Vincent van Gogh: »Ich suche jetzt, das Wesentliche zu übersteigern und das Alltägliche absichtlich vage zu belassen.«

Der Garten im Frühling:
Blütenpracht

Temporalität ist das Zauberwort für das Frühlingserwachen im Garten. Die Wahrnehmung und Interpretation des Zeiterlebens ist die entscheidende Grundbedingung für gärtnerisches Handeln. Schon bei Aristoteles kann man nachlesen, dass Zeit nicht die bloße Abfolge von Bewegungen ist, sondern eines von Menschen geschaffenen Maßstabes bedarf, nach dem sie geordnet wird.

Der Frühling gibt vielerlei Möglichkeiten, das »Vorher« und »Nachher« zu messen. Die Kunst der Gartengestaltung besteht nach den dunklen Wintermonaten gerade darin, das subjektive Maß der Zeiterfassung mit den natürlichen und räumlichen Gegebenheiten zu harmonisieren. Dies ist eine ständige und jedes Jahr aufs Neue zu meisternde Herausforderung.

Selbstverständlich sind die Beschaffenheit des Bodens, die klimatischen Verhältnisse, die Größe und Struktur des Gartens und schließlich die Architektur des Hauses zu berücksichtigen, wenn für das Frühjahr geplant wird. Wenn Sie Ihren Garten wohlüberlegt gestaltet haben, können Sie gewiss sein: Blütenrausch folgt auf Blütenrausch. Farben und Düfte sind omnipräsent. Mancherorts beginnt die Zier bereits im Februar, wenn Schneeglöckchen (*Galanthus*), Winterlinge (*Eranthis hyemalis*) und Krokusse (*Crocus*) – mitunter noch durch die Schneedecke – aus dem Boden sprießen. Es folgen die porzellanartigen Blüten der Magnolien, die in keinem Garten fehlen sollten. Mein Favorit ist die relativ robuste *Magnolia x soulangeana*, die Tulpenmagnolie, deren weiße Blüten ein Hauch von Rosa schmückt. Sie liebt feuchten, aber durchlässigen und leicht sauren Boden; dieser Traum von einem Baum braucht eine Einzelstellung, um zur Geltung zu kommen, und die Magnolie sollte in Ruhe ihre Schönheit entfalten können. Eine Säge richtet nur Schaden an.

An blühenden Ziergehölzen fehlt es im Frühjahr wahrlich nicht. Verzichten sollte man nicht auf die farbstarke Leuchtkraft der Forsythien, auch wenn diese nicht unbedingt bienenfreundlich sind. Aber jede einzelne Forsythie, und besonders die Hybride mit dem sprechenden Namen »Goldrausch«, verleiht dem Garten ein prächtiges Frühlingsgewand; und die Blütezeit gibt den untrüglichen Hinweis, wann die Rosen geschnitten werden können. Unterpflanzt werden kann mit Sternhyazinthen (*Chionodoxa*), Lungenkraut (*Pulmonaria officinalis*) oder Blausternchen (*Scilla bifolia*).

Der Frühling ist die Jahreszeit der strahlenden Narzissen und der farbenfrohen Tulpen. Diese Zwiebelblumen sollten wie Stauden gepflanzt werden: nicht spießig nach Arten sortiert, sondern anarchisch gemischt! Ein beeindruckendes Frühjahrsbild entsteht allerdings nur, wenn man im Jahr zuvor pro Quadratmeter mindestens fünfzehn Narzissen oder Tulpen in die Erde bringt. Die Zwiebeln müssen bis Anfang August bestellt werden; dann gibt es noch die größte Auswahl! Im späteren Frühjahr sollten dann die welken Blüten entfernt werden, um Samenbildung zu verhindern und die Entwicklung der Zwiebeln zu fördern. Das Laub muss aber unbedingt fünf bis sechs Wochen stehen bleiben. Wer ungeduldig die Schere ansetzt, vermindert die Blütenbildung im nächsten Jahr.

Eine reichblühende gelbe Narzisse (wie *Narcissus cyclamineus* »Tête à Tête«) lässt sich wunderbar mit einer dunkelblauen Hyazinthe (etwa *Hyacinthus orientalis* »Delft Blue«) kombinieren. Dunkle Tulpen können mit der leicht bläulichen Katzenminze (*Nepeta*) oder aber Zierlauch (*Allium*) vergesellschaftet werden. Im frühlingshaften Staudenbeet sollten die romantischen Vergissmeinnicht (*Myosotis*), die sich am richtigen Standort selbst aussäen, und die unverwüstlichen Christrosen (*Helleborus*) nicht fehlen, die allerdings wie Tulpen keine Staunässe vertragen.

Voller Begeisterung können Sie dann auf die Blütenpracht im Monat Mai warten, auf den Blauregen (*Wisteria floribunda*), der Wände und Pergolen ziert, auf die Japanische Kirsche (*Prunus serrulata* »Kanzan«), deren doldenfömige, rosa gefüllte Blüten jedem Betrachter auffallen, und auf den Flieder (*Syringa vulgaris*); bei letzterem bevorzuge ich nach wie vor das »Andenken an Ludwig Späth«: die dunkelpurpurrot gefärbten und stark duftenden Rispen sind unübertroffen.

Die Farben und Gerüche der Pflanzen begleiten Sie in den Sommer. Ihr »Vorher« und »Nachher« schafft die Voraussetzung, den Garten in seiner Individualität zu erleben.

Florale Nahaufnahme: Die Tulpe

Die Geschichte der Tulpe, deren Heimat die weiten Steppen und schwer zugänglichen Gebirgstäler Zentralasiens sind, beginnt nicht in den Niederlanden, sondern in Persien und der Türkei, wo zunächst zahlreiche Wildarten und später kultivierte Formen die Palastgärten der Herrscher füllten. Flämische oder französische Reisende brachten Mitte des 16. Jahrhunderts die ersten Zwiebeln der fälschlich als *lils rouge*, rote Lilie, bezeichneten Blume von der Goldenen Pforte nach Westeuropa. 1559 sah der Züricher Arzt und Botaniker Konrad Gesner zum ersten Mal eine rotblühende Tulpe in dem Garten des Augsburger Patriziers Johann Heinrich Herwart.

Möglicherweise geht der Name »Tulpe« auf das türkische Wort *tülbend* (»Tüllband«) zurück, da die Blütenblätter an die Farbe eines Turbantuches oder an das Aussehen eines gewickelten Turbans erinnerten. *Se non è vero, è ben trovato.* Während die Osmanen in der Tulpe jedoch die Blume Gottes erkannten, riefen die ersten Begegnungen mit den Blumenzwiebeln im Okzident nicht immer Begeisterung hervor: Da man die schrumpelige Importware zunächst für einfache Gemüsezwiebeln hielt, wurden sie geröstet und mit Essig und Öl angemacht. Doch ihr bitterer Geschmack enttäuschte, nur in Zucker eingelegt mundeten sie besser. Lieblos zwischen Kohlköpfen im Gemüsegarten verscharrt, erkannte man nur zufällig, welch' herrliche Blume diese Zwiebel austrieb. Flämische und französische Flüchtlinge, die wegen ihres protestantischen Glaubens verfolgt wurden, verbreiteten dann in der zweiten

Hälfte des 16. Jahrhunderts die Tulpen in Europa: Sie trugen die wertvollen und problemlos zu transportierenden Zwiebeln als Startkapital in ihrem leichten Reisegepäck.

Bleibende Verdienste um die Einführung der Tulpe in den Niederlanden erwarb sich der französische Humanist Carolus Clusius, der 1593 an der kurz zuvor gegründeten Universität Leiden eine Professur antrat und seine bedeutende Sammlung von Zwiebeln in dem dortigen *hortus academicus* auspflanzte, wo zumindest einige Exemplare Mäusefraß und Wetterunbill überstanden. Er beschrieb die *tulipa* genannte Blume, katalogisierte sie und schuf die Voraussetzungen für ihren gewerbsmäßigen Anbau und die Züchtung neuer Arten (sogenannter »Hybriden«). Zu Recht wurde eine besonders schöne Wildart nach ihm benannt, die *tulipa clusiana*.

Bereits zu Beginn des 17. Jahrhunderts war die Tulpe zum Statussymbol der Reichen und Mächtigen in ganz Europa avanciert. Der Fürstbischof von Eichstätt, Johann Conrad von Gemmingen, begeisterte sich für die Tulpen ebenso wie der Markgraf von Baden-Durlach, der jedes Jahr Tausende von Zwiebeln von siebzehn verschiedenen holländischen Blumenzüchtern bezog. Europaweit blühte der organisierte Diebstahl. Warum nun diente ausgerechnet die Tulpe den alten wie den neuen Plutokraten als Prestigeobjekt? An ihrer Schönheit und Vielgestaltigkeit allein lag es nicht. Entscheidend war die Seltenheit einzelner begehrter Arten. Tulpen vermehren sich nämlich nicht rasch: Der Samen benötigt in der Regel sieben Jahre, um sich in eine blühende Blume zu verwandeln. Eine Mutterzwiebel wiederum kann (meist zwei bis drei) Nebenwurzeln, sogenannte Brutzwiebeln, hervorbringen, die nach ein bis zwei Jahren Blüten tragen. Gerade bei Neuzüchtungen überstieg die Nachfrage das Angebot bei weitem.

Viele Tulpen faszinierten durch die Intensität und Vielfalt der Farbgestaltung. Mit Bewunderung nahm man wahr, dass einige wenige Pflanzen ihr Erscheinungsbild übers Jahr veränderten. Eine einfarbige rote Blume erstrahlte im darauffolgenden Frühling mit zart gefederten und geflämmten Blütenblättern in Weiß und Tiefrot. Ebensolche Tulpen hatten es den Liebhabern in Orient und Okzident angetan, und viel Mühe und Energie wurden darauf verwandt, die Gründe dieser Metamorphose zu erkennen. Doch alle botanische Spekulation und gärtnerische Inspiration blieb ohne Erfolg. Auch die wohldosierte Gabe von Taubenmist führte nicht zu dem gewünschten Erfolg. Erst Ende der zwanziger Jahre des letzten Jahrhunderts gelang der Nachweis, dass für die in früher Zeit heiß geliebten, inzwischen jedoch aus der Mode geratenen Musterungen ein Virus verantwortlich war, das durch Blattläuse übertragen wurde, das sogenannte »Tulip-breaking-Virus«. Vor jener Entdeckung, zumal im tulpenbegeisterten 17. Jahrhundert, zahlte man Unmengen für die Brutzwiebeln der seltenen »gebrochenen« Tulpen. Ein englischer Earl etwa importierte im Jahre 1611 Tulpen zu einem Betrag, der halb so hoch war wie der Jahreslohn seines Obergärtners, und ein deutscher Aristokrat gab 1636 das Fünfzigfache des Jahreslohns einer Amme für Zwiebeln aus.

Nachdem in den Vereinigten Niederlanden Anfang des 17. Jahrhunderts die ersten Tulpenfelder auf den Sandböden um Haarlem entstanden waren, kontrollierten die professionellen holländischen Züchter bald den europäischen Handel. Mehr als tausend, nach einem strengen Kriterienkatalog klassifizierte Tulpenarten standen den finanzkräftigen Eigentümern luxuriöser Landhäuser mit weitläufigen Gärten zur Auswahl. Die Händler trugen Sorge, dass prächtig illustrierte Tulpenbücher als »Bestellkataloge« zirkulierten und die Zwiebeln wohlbehalten am Bestimmungsort eintrafen. Obwohl neue Tulpenfelder in Delft, Alkmaar, Gouda, Hoorn, Rotterdam und Utrecht entstanden, gab es nicht genügend Zwiebeln kostbarer Tulpen. So musste der wohlhabende Amsterdamer Kaufmann und Ratspensionär Adriaen Pauw in dem Garten seines Herrenhauses ein raffiniert konstruiertes Spiegelkabinett inmitten des Tulpenbeetes aufstellen, um eine Fülle seltener

Tulpenarten vorzutäuschen, die auch er mit seinen unerschöpflichen Mitteln sich nicht beschaffen konnte.

Die niederländischen Kaufleute warben geschickt für die Blume und erschlossen neue Exportmärkte. Im 18. Jahrhundert ermöglichten Zehntausende holländischer Zwiebeln Sultan Ahmed III., seine verschwenderisch ausgestatteten alljährlichen Tulpenfeste auszurichten. Die holländischen Züchter reagierten schnell auf die wechselnden Herausforderungen der Märkte. Im 19. Jahrhundert lieferten sie die Zwiebeln für die nun in Mode gekommenen Flächenanpflanzungen, entwickelten eine geschickte Marketing-Strategie, führten neue, rentable Züchtungen ein, die dem Zeitgeschmack entsprachen, und etablierten einen lukrativen Handel mit Schnittblumen.

Die Tulpe ist inzwischen zu *dem* Symbol der Niederlande geworden: Busreisen karren alljährlich Myriaden von Touristen zu den Tulpenfeldern von Haarlem, Lisse und Limmen, Postkarten künden von der üppigen Farbenpracht der endlosen Blumenbeete, und das Niederländische Büro für Tourismus hat, wen wundert's, die Tulpe in seinen Briefkopf aufgenommen. Die Niederlande exportieren derzeit etwa zwei Drittel der Weltproduktion an Tulpen: zwei Milliarden und mehr pro Jahr. Fast die Hälfte des Landes ist mit Tulpenfeldern bedeckt. Der heutige Massenmarkt der Schnittblumen zieht einfarbige Tulpen vor und wird von zehn Sorten beherrscht. Dabei gibt es etwa 120 Wildarten und 5600 Zuchttulpen von zum Teil erlesener Schönheit, die zum Träumen einladen. Und obwohl man inzwischen gezüchtete Tulpen mit fein gestreiften Blütenblättern kaufen kann, bevorzugen zumindest Tulpenenthusiasten immer noch die vom Virus infizierten Zwiebeln.

Eine Pionierpflanze: Die Birke

Adolf Engler, der Direktor des Botanischen Gartens in Dahlem und Mitglied der Berliner Akademie der Wissenschaften, teilte seinem Kollegen Adolf Erman 1908 auf Anfrage mit, dass im Berliner Botanischen Garten noch eine *Betula ermanii* vorhanden sei, die abgegeben werde könne. Das gemeinhin als Goldbirke bekannte Gehölz war nach dem Vater des Ägyptologen benannt. Als junger Wissenschaftler hatte dieser 80 Jahre zuvor eine Forschungsreise um die ganze Welt unternommen. Erdmagnetische und meteorologische Phänomene interessierten ihn besonders, aber er hatte auch ein offenes Auge für Fauna und Flora. In den lichten Bergwäldern der ostasiatischen Halbinsel Kamtschatka entdeckte Georg Adolf Erman eine Birke, die sich allein schon durch die goldene Farbe der Borke von den heimischen Exemplaren unterschied. Adelbert von Chamisso, der nicht nur als Dichter, sondern auch als Botaniker erfolgreich war, benannte sie schon 1831 nach seinem weitgereisten Freund.

Die Gattung der Birken ist artenreich. Das bevorzugte Habitat der Bäume – und Sträucher – ist die nördliche Halbkugel. Schon Plinius der Ältere wusste, dass die Birke kühlere Standorte liebt. Im Zuge der globalen Klimaerwärmung wandern die Birken daher immer weiter in den Norden und markieren die Grenze zur Polarregion.

Die Birke war neben der Kiefer der erste Baum, der nach der Eiszeit in Mitteleuropa Wälder bildete. Zuerst ließen sich strauchförmige Exemplare nieder (*Betula nana* und *Betula humilis*), dann kamen die hohen Hänge- (*Betula pendula*) und Moorbirken (*Betula pubescens*), die auch auf ärmeren Böden gedeihen und unter deren Schutz Eichen, Ulmen, Linden und Eschen langsam wachsen konnten.

Der Wind verbreitet die Flugfrüchte der Pionierpflanzen, und einmal angewachsen, gewinnen die flach wurzelnden Sprösslinge rasch an Höhe. Birkenpollen sind archäobotanisch nachzuweisen; ihr erhöhtes Vorkommen zeigt Siedlungsaktivitäten im prähistorischen Kontext an, da sich Birken gerne auf Waldlichtungen ausbreiteten, die zuvor gerodet worden waren.

Das recht harte Holz, das im Kamin mit bläulicher Flamme und geringem Funkenflug gut brennt, ist seit alters her geschätzt. Aus den dünnen Zweigen wurden einst Körbe und Schilde geflochten. Die Blätter dienten der Herstellung von Tinkturen und Säften, die gegen allerlei körperliche Gebrechen helfen sollten. Die Rinde diente mancherorts als Schreibmaterial, vor allem aber gewann man aus ihr das Birkenpech, das als Alleskleber vom Paläolithikum bis ins Mittelalter verwendet wurde. Für die alten Römer indes war die Birke schreckenerregend, weil, wie Plinius schreibt, die Magistrate ihre Ruten, die sogenannten Fasces, daraus schnitten, mit denen sie straffällige Bürger züchtigten.

Angesichts der ökologischen und zivilisatorischen Bedeutung der Birke überrascht es nicht, dass der Baum einen festen Platz in kultischen Praktiken der Kelten, Germanen und Slawen hatte. Bei Festen, die den Frühling begrüßten, waren die Birkenzweige, die bisweilen ringförmig zusammengeflochten wurden, nicht wegzudenken. Noch heute ist in manchen Regionen der Maibaum, der zu besonderen Anlässen an einem zentralen Platz im Dorf aufgerichtet wird, mit Birkenreisig geschmückt.

Esoterikbewegte begeistern sich nach wie vor für einen Baum, dessen Zweig den Namen einer germanischen Rune repräsentiert und den in der altirischen Ogam-Schrift ein eigenes Zeichen symbolisiert. Aber auch in der literarischen Tradition ist das Gehölz präsent: In einer russischen Version des Märchens vom »Fischer und seiner Frau« erfüllt eine schlanke Birke die immer maßloseren Wünsche der Protagonistin.

Vor allem fasziniert ihre Betrachter die auffallend weiße Farbe der Borke, deren heller Glanz der Birke möglicherweise auch ihren Namen gegeben hat. Der Popularität des Baumes hat auch das allergene Potenzial der Pollen nichts anhaben können. Das frischgrüne Laub im Frühjahr, die anmutige Gestalt und die auffällige Rinde stechen in jedem Garten ins Auge. Die Auswahl an prächtigen Arten ist beachtlich. Pflanzt man einen Heister oder einen Stammbusch kann man mit der geeigneten Unterpflanzung rasch eine anmutige Waldlichtung imaginieren. Außer Ermans Birke gefallen die Himalaya-Birke (*Betula utilis var. Jacquemonii*), deren Stamm schon in jungen Jahren weiß leuchtet, die Chinesische oder Kupfer-Birke (*Betula albosinensis*), deren Farbe zwischen hellrosa und dunkelorange changiert, und die Papier-Birke (*Betula papyrifera*), deren helle Borke sich in unterschiedlich breiten Streifen abrollt.

Der Garten im Sommer:
Geh aus mein Herz

Wir schreiben das Jahr 1648. Ein mörderischer Krieg, den schon die Zeitgenossen den dreißigjährigen nannten, hatte weite Teile Deutschlands verwüstet. Mit dem Westfälischen Frieden fand er ein Ende. Zurück blieben nicht nur zerstörte Dörfer und Städte, sondern auch verzweifelte Menschen, die an Leib und Seele Wunden davontrugen. Ihnen sollte ein Lied des lutherischen Theologen und Dichters Paul Gerhardt Mut machen: »Geh aus mein Herz und suche Freud / In dieser lieben Sommerzeit / An deines Gottes Gaben«. Doch wo war Gott in dieser von Gewalt und Tod gequälten Gesellschaft? Der »Sommer-Gesang«, wie das Lied bald überschrieben wurde, ließ keinen Zweifel, wo die Schönheit der Schöpfung inmitten einer zerstörten Welt zu finden sei: »Schau an der schönen Gärten Zier / Und siehe, wie sie mir und dir / Sich ausgeschmücket haben«.

In seinem wohl berühmtesten Kirchenlied beschreibt Paul Gerhardt den sommerlichen Garten als Abbild des Paradieses, in dem die göttliche Ökonomie das aktuelle Chaos besiegt, das Leben wiedererweckt und den Menschen neue Hoffnung spendet. Hier wird der Garten zum Ort einer erfolgreichen Lebenstherapie, die alle Sinne anspricht: Den Sommer kann man sehen, riechen, hören, ertasten und schmecken. Seine Schönheit ist indes keine akzidentielle Arabeske, sondern präfiguriert »Christi Garten«, in dem die Trübsal »dieser armen Erden« endgültig überwunden sein wird.

Den Garten als Ort der Befreiung von der Last des Diesseits und der Erfüllung menschlichen Daseins haben nicht nur christliche Theologen beschrieben. Und man muss nicht das Bekenntnis zu dem dreifaltigen Gott teilen, um sich im Garten dem Wunder der Natur nahe zu fühlen, seine »Zier« zu bestaunen und in seinen vielfältigen Farben, Formen und Figuren ein großartiges Geschenk zu erkennen, das es zu bewahren gilt. Die Erfahrung von Krankheit und Elend mag manchen veranlassen, die manifeste Fragilität menschlicher Existenz mit der elementaren Erfahrung der wiederkehrenden Schönheit in Gärten und Parks zu kontrastieren. Die überbordende Kraft der Natur erfreut auch und gerade in dunklen Momenten Herz und Sinne.

Im Sommer zieht die ungestüme Blütenpracht vieler Blumen jeden Betrachter in ihren Bann. Im Herbst ist ihre Kraft erschöpft, aber sie haben hinreichend Samen für das nächste Jahr gebildet. Der erste Frost beendet die bunte Fülle, aber Samenkörner überwintern auf der Erde. Sie erwachen zu neuem Leben, sobald es im nächsten Frühjahr wieder wärmer wird. Sommerblumen sind per definitionem kurzlebige Pflanzen. In dem Jahr, in dem sie ausgesät werden, erblühen sie. Deshalb nennt man sie einjährig oder sommerannuell. Typische Vertreter sind die Sonnenblume (*Helianthus annuus*), der Klatschmohn (*Papaver rhoeas*), die Kornblume (*Centaurea cyanus*), die Jungfer im Grünen (*Nigella damascena*), die Ringelblume (*Calendula officinalis*) und die Studentenblume (*Tagetes*). Die Anzucht der Einjährigen aus Saatgut kann auf der Fensterbank oder im Gewächshaus erfolgen. Nach den Eisheiligen werden die zuvor vorsichtig abgehärteten jungen Pflänzchen in die vorbereiteten, gut gelockerten Beete gesetzt. Schnell keimende Samen (wie Kornblume und Tagetes, aber auch Kapuzinerkresse) können direkt in das Beet gesät werden; das rechtzeitige Ausdünnen der Sämlinge darf dann aber nicht vergessen werden. Wem die Anzucht indes zu mühsam ist, kann sich vorgezogene, kräftige Setzlinge beim Gärtner besorgen.

Die zweijährigen, biennen oder winterannuellen Pflanzen hingegen benötigen zwei Vegetationsperioden. Sie entwickeln nach der Aussaat im Herbst Wurzeln und eine Blattrosette; im folgenden Jahr treibt die Blüte. Hierzu zählen etwa die Stockrose oder Stockmalve (*Alcea rosea*), das Löwenmäulchen (*Antirrhinum majus*), das Garten-Stiefmütterchen (*Viola x wittrockiana*), der Fingerhut (*Digitalis purpurea*), die Gemeine Nachtkerze (*Oenothera biennis*) und das Vergissmeinnicht (*Myosotis*). Viele Zweijährige blühen über Wochen hinweg und entwickeln immer wieder neue Blüten, so dass sie ideale Nährstätte für Bienen sind. Ohnehin sollte man in seinem Garten auf die Nektarbildung der Pflanzen achten und die Honigsammler gut behandeln. Schon Paul Gerhardt wusste: »Die unverdrossne Bienenschar / fliegt hin und her, sucht hier und da / ihr edle Honigspeise.«

Klimawandel:
Vom richtigen Gießen

Der *Head Gardener* meines Colleges war verzweifelt. Das Vorjahr hatte schon einen heißen Sommer gebracht. Und jetzt, 1990, war es noch schlimmer gekommen: der prächtige Rasen braun, die stolzen Rosen kahl, die herrlichen Rabatten vertrocknet. Von den mächtigen Bäumen wehte ein warmer Wind welke Blätter. Es war ein Bild des Jammers. Schuld, da war sich der englische Gärtner sicher, hatte Margaret Thatcher. Die öffentliche Wasserversorgung war lahm gelegt, nachdem sie 1989 die gesamte britische Wasserwirtschaft privatisiert und an Aktiengesellschaften verschleudert hatte. Das kostbare Nass wurde zum Spekulationsobjekt, und in Oxford stöhnten selbst die Colleges unter den drastisch steigenden Wasserpreisen.

Einen verantwortungsvolleren Umgang mit dem wertvollen Gut hat diese Maßnahme auf der Insel nicht bewirkt. Heute kontrollieren ausländische Fonds den Wassersektor; kurzfristige Gewinnmaximierung heißt die Devise, in die Infrastruktur wird nichts investiert. Das Leitungsnetz ist marode, und in manchen Gegenden versickern 40 Prozent des eingespeisten Frischwassers. Die Hitzeperioden, die sich seit der Millenniumswende häufen, fordern eine Wende, aber die tief zerstrittene politische Führung findet einmal mehr keine Antwort auf diesen Umweltskandal.

Der Klimawandel verschärft eine wirtschaftspolitische Fehlentscheidung, die auch für den Gärtner weitreichende Folgen hat.

Doch nicht nur im Vereinigten Königreich steht die Gartenkultur im Sommer vor neuen Herausforderungen. Die Zeiten sind auch auf dem Kontinent vorüber, als man sich in einer lauen Sommernacht noch seiner herrlich blühenden Anlage unbeschwert erfreuen konnte. Hitze und Wassermangel setzen vielen Pflanzen zu, die unter diesem Stress leichte Beute für alte und neue Schädlinge werden. Wenn hohe Temperaturen längere Zeit anhalten und man mit dem Wässern nicht mehr nachkommt, dürfte nicht wenige Gärtner die Furcht beschleichen, dass die Ressourcen auch in einstmals gemäßigten Breiten nicht unbegrenzt sind.

Die Dynamik des Klimawandels macht sich zu keiner Jahreszeit im Garten deutlicher bemerkbar als im Sommer. Dennoch gilt es, gerade in der Hitze einen kühlen Kopf zu bewahren und die gewachsene Struktur nicht radikal zu verändern. Vor allem sollten Sie keine Steinwüste im Vorgarten als Lösung aller Probleme favorisieren. Vertrauen Sie weiter auf Vielfalt und Abwechslung. Bienen, Hummeln und Schmetterlinge werden es Ihnen danken. Allerdings sollten vermehrt trockenheitsresistente Pflanzen wie Thymian, Oregano, Salbei und Rosmarin gesetzt werden, die früher im Mittelmeerraum beheimatet waren, inzwischen aber aus unseren Gärten nicht mehr wegzudenken sind. Experimentieren Sie mit Alpen-Mannstreu (*Eryngium alpinum*), Brandkraut (*Phlomis*), Katzenminze (*Nepeta*), Lavendel (*Lavendula*), Nachtkerze (*Oenothera*), Prachtscharte (*Liatris spicata*), Schafgarbe (*Achillea*), Schwertlilie (*Iris*), Sonnenröschen (*Helianthemum*), Wollziest (*Stachys byzantina*) und Zistrose (*Cistus*), aber auch mit Astern, Fetthenne (*Sedum*), Sonnenhut (*Rudbeckia*), Eisenkraut (*Verbena*) und robusten Gräsern. Zu meinen Entdeckungen unter den Trockenkünstlern zählen die sukkulenten Mittagsblumen (*Delosperma*), die ebenfalls aus dem Süden stammen und ursprünglich sehr frostempfindlich waren; inzwischen gibt es zahlreiche winterharte Sorten zu kaufen, die über Jahre hinweg kunterbunte Blütenteppiche in jeden Garten zaubern.

Darüber hinaus können Gehölze und Bäume schattige Areale abstecken, die willkommene Rückzugsorte in der Sommerhitze sind. Wenn der Platz reicht, kann man darüber nachdenken einen Teich anzulegen, denn fließendes oder stehendes Wasser ist ein Lebenselixier für alle Lebewesen. Doch schon eine Regentonne ist ein Gewinn für die Umwelt. Bedenken Sie zudem: Wenn Sie gießen, dann sollte dies nur am frühen Morgen oder am späteren Abend geschehen; und gießen Sie intensiv und nachhaltig statt häufig und sparsam.

Aber was macht man mit dem wasserverschlingenden Rasen, den ja nicht nur die Engländer lieben? Hektische Betriebsamkeit führt hier nicht weiter. Graben Sie Ihr Wimbledongrün nicht gleich um. Mähen Sie das Gras nicht zu oft; das bremst das Wachstum und reduziert den Wasserverbrauch. Den Schnitt sollte man auf dem Rasen liegen lassen: Das ist zwar der Optik abträglich, verringert aber die Verdunstung. Vor allem aber: Ertragen Sie es, wenn der Rasen braun wird. Er wird sich wieder erholen, auch wenn die Sprinkleranlage im Hochsommer nicht regelmäßig läuft.

Mein Collegegärtner hat mir damals empfohlen, bei Sonne und Hitze eine gute Handbreit Kompost um die Pflanze auszubringen. Das verbessert nicht nur die Struktur des Bodens, sondern ist ein natürliches Mittel gegen den Feuchtigkeitsverlust. Damit begegnen Sie erfolgreich den trockenen Zeiten des 21. Jahrhunderts.

Der Garten im Herbst:
Fest der Farben

Il faut travailler, rien que travailler. Et il faut avoir patience. Man soll arbeiten und Geduld haben, »soll nicht daran denken, etwas machen zu wollen«, sondern »nur suchen, das eigene Ausdrucksmittel auszubauen und alles zu sagen«. Auguste Rodin gab diesen Rat im Sommer 1902 dem jungen Rainer Maria Rilke, der gerade seine Frau und seine kleine Tochter verlassen hatte, um in Paris zu sich selbst zu finden. Der berühmte französische Bildhauer fügte hinzu: *On doit trouver le bonheur dans son art* – man müsse das Glück in seiner Kunst finden. Die Botschaft des »verehrten Meisters« verstand Rilke wohl: Spontane Kreativität genügte nicht, um ein Kunstwerk zu schaffen. Kontinuierliche Arbeit war gefragt, die der inspirierenden Idee im Prozess des künstlerischen Tuns erst Gestalt verlieh.

Auch der Garten kann ein Kunstwerk sein, in dem man Erfüllung und Glück findet. Planung und Beharrlichkeit sind die Voraussetzungen für Anmut und Ausdruck. Geduldige Arbeit und konzentrierte Gestaltung führen zum Erfolg, der auch noch dann sichtbar wird, wenn der erste Morgennebel den Garten in einen zarten Schleier hüllt und sich eine neue Jahreszeit ankündigt. Um sich an dem großen Finale erfreuen zu können, bedarf es im Garten auch der vorausschauenden und geschickten Kombination von herbstfärbenden Gehölzen mit Stauden und Gräsern. Ein wahres Farbenfeuerwerk entzünden das rosa Pfaffenhütchen, der orangene Perückenstrauch, die rote Bergenie und die goldgelbe Funkie. Das strahlende Rot der Blätter des japanischen Feuerahorns (*Acer japonicum* »Aconitifolium«) bildet einen herrlichen Kontrast zu dem weiß gefiederten Silber-Pampasgras (*Cortaderia selloana*). Die vielgestaltigen, leuchtenden Dahlien sind in dem schon fahler werdenden Licht die Königinnen des Herbstes; sie entfalten ihre ganze Pracht inmitten niedriger oder halbhoher Gräser. Violette Astern und rosa Herbst-Anemonen passen zu rötlichem Lampenputzergras (*Pennisetum alopecuroides*), der bronzefarbigen Neuseeland-Segge (*Carex comans*) und der kleinwüchsigen, säulenartigen Herbsteberesche (*Sorbus aucuparia* »Autumn Spire«).

Das Ende des Sommers spiegelt ein bekanntes Gedicht Rilkes, das den Titel »Herbsttag« trägt und im September 1902 in Paris entstand. Nach längerer Pause fand der Lyriker in der anonymen Großstadt, in der er nicht recht heimisch wurde, wieder zum Dichten zurück. Von Rodin hatte er nicht nur das disziplinierte Arbeitsethos übernommen, sondern auch den Glauben an die absolute Autonomie der modernen Kunst. In seinem Gedicht bediente er sich der vertrauten Form des Gebets. Also rief er Gott an: »Herr, es ist Zeit«. Allerdings ging der Herr mit dem achten Vers in der dritten Strophe verloren: »Wer jetzt kein Haus hat, baut sich keines mehr. / Wer jetzt allein ist, wird es lange bleiben, / wird wachen, lesen, lange Briefe schreiben / und wird in den Alleen hin und her / unruhig wandern, wenn die Blätter treiben«. Der menschlichen Einsamkeit und Entfremdung wird die Unmittelbarkeit der Naturerfahrung im Herbst entgegengesetzt. Hier findet sich die Vollendung, die dem Menschen fehlt.

Die existentielle Erfahrung des Herbstes ist nicht das Privileg des Dichters. Das Ende des Sommers fasziniert und ängstigt uns jedes Jahr aufs Neue. Die Betrachtung der Natur erinnert an den Lebenszyklus des Menschen. Der Sommer, der sehr groß war, klingt aus in einem Fest der Farben. Der Herbst bedeutet Blühen und Verwelken, zugleich Reife und Ernte. Zwei warme Tage verwan-

deln den Garten in ein Paradies, in dem die »letzten Früchte voll«
sind, wie es bei Rilke weiter heißt, und es Obst und Gemüse im
Überfluss gibt. Er ist eine bacchantische Jahreszeit. An südlichen
Pergolen jagt die Sonne »die letzte Süße in den schweren Wein«.
Wenn sich allmählich der »Schatten auf die Sonnenuhren« legt,
erstrahlt der Garten nochmals in Gelb, Orange und Rot, in Rosa
und Violett. Bevor »die Winde los« gelassen werden, schmücken
sich die Bäume mit buntem Laub. Das Staudenbeet wird zu einer
opulenten Kulisse, in der sich köstliche Schätze für alle Sinne finden. Es ist Zeit.

Das Brot der Armen: Kastanien

Die Kastanien aus dem Feuer holen: Die sprichwörtliche Wendung, die heute noch in aller Munde ist, verdanken wir einer Fabel von La Fontaine, in dem der listige Affe Bertrand seinen Hausgenossen, den Kater Raton, dazu überredet, geröstete Kastanien aus der Glut zu holen, die er dann sofort aufknackt und allein verspeist.

Objekt der Begierde sind die Früchte der Ess- oder Edelkastanie (*Castanea sativa*), die zur Familie der Buchengewächse zählt und von der Rosskastanie (*Aesculus*) zu unterscheiden ist, die zu den Seifenbaumgewächsen gehört. Sie sind nicht miteinander verwandt, auch wenn Früchte und Fruchtstand einander ähneln.

Die Esskastanien werden häufig auch Maronen genannt. Allerdings handelt es sich bei der Marone genau genommen um eine züchterische Optimierung: Die Maronen schmecken besser, sind größer und süßer, haben eine herzförmige Unterseite und lassen sich in der Regel einfacher schälen.

Die Zahl der Sorten ist selbst für Spezialisten kaum zu überschauen; aberhunderte Kastanien wurden für die jeweiligen Standortbedingungen gezüchtet. Folglich entstanden zahlreiche Sorten, von denen die meisten inzwischen ausgestorben sind. Aber in einzelnen Regionen des Mittelmeerraumes findet sich heute noch eine beachtliche Vielfalt. Manche Kastanien dienen dem unmittelbaren Verzehr, andere eignen sich zum Dörren und zur

Herstellung von Mehl, wieder andere können bis zum Frühjahr gelagert werden, wenn sie durch entsprechende Techniken haltbar gemacht wurden. Doch nicht nur die Früchte, die zwischen September und November geerntet werden, sind von Nutzen. Seit alters dient das widerstandsfähige rötlich-braune Holz zur Herstellung von Möbeln, Fässern und Weinpfählen. Die Blätter finden auch als Heilmittel Verwendung. Und Kastanienhonig ist eine wahre Delikatesse.

Der Baum liebt Berge und Täler, scheut aber das Wasser. Typisch ist der Anbau in Hainen, sogenannten Selven. Hier stehen etwa 80 bis 100 Hochstämme pro Hektar. Ohne menschliche Pflege hat eine solche Plantage keine Aussicht darauf zu gedeihen: Gerade die jungen Bäume brauchen viel Licht; rasch wachsende Konkurrenten müssen deshalb in dieser Monokultur entfernt werden. Nur so können die Kastanien ihr hohes Alter erreichen. Mächtige Bäume sind 35 Meter hoch, und ihr Stammumfang beträgt bis zu vier Meter.

Die Edelkastanie zählt zu den bedeutendsten Kulturpflanzen, die uns das Altertum hinterlassen hat. Die Römer, vielleicht auch die Kelten brachten die Sprösslinge aus den wärmeren Regionen des Mittelmeerraumes in nördlichere Gefilde. Schon damals wusste man um die Nähr- und Heilkraft der Früchte. Sie sind eiweißreich und stärkehaltig, voller Vitamine und Mineralstoffe und weniger fett als andere Nüsse. Die glatten Früchte bevorzugte man geröstet, da sie dann besser verdaulich sind. Die rauen warf man den Schweinen zur Mast vor.

Für die ländliche Bevölkerung in höher gelegenen Tälern waren die Kastanien seit dem Mittelalter Grundnahrungsmittel. Im Winter kam häufig nichts Anderes auf den Tisch. Die Selven bewirtschaftete man nach strengen Regeln in gemeinschaftlicher Arbeit, und die in Räucherkaten getrockneten Früchte wurden in die Ferne verkauft. Seit dem 17. Jahrhundert verlor das »Brot der Armen« jedoch kontinuierlich an Bedeutung. Kartoffel und Mais fanden Verbreitung, Weizen wurde importiert, und immer mehr Menschen verließen die Täler, um anderswo ihr Auskommen zu finden. Versorgungsengpässe im Zweiten Weltkrieg verzögerten den Niedergang nur kurzfristig. Nun zerstörte der aus Nordamerika eingeschleppte Kastanienrindenkrebs abertausende Bäume, die nicht mehr ersetzt wurden. Zudem schädigt die sogenannte Tintenkrankheit seit dem 19. Jahrhundert die Bestände: Pilze befallen die Wurzeln, verursachen schwarzen Ausfluss an der Stammbasis und lassen selbst große Bäume in kurzer Zeit eingehen. Man ist auf der Suche nach resistenteren Sorten.

Der Baum des Jahres 2018 ist also in Gefahr. Umso begrüßenswerter sind regionale Initiativen, die versuchen, die traditionelle Kastanienkultur zu bewahren. Sie entdecken die gesunde und glutenfreie Frucht für die moderne Küche neu, beleben farbenprächtige Kastanienfeste und vermitteln neugierigen Touristen die entbehrungsreiche Geschichte des Anbaus. Wunderbare Lehrpfade gibt es inzwischen in Südtirol und im Tessin, aber auch in der Pfalz und im graubündnerischen Bergell, wo sich der größte Esskastanienwald Europas findet.

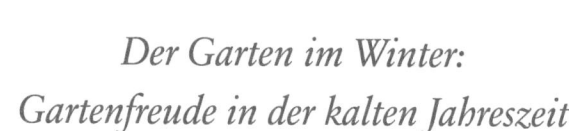

Der Garten im Winter:
Gartenfreude in der kalten Jahreszeit

Die Kübelpflanzen sind im kühlen Wintergarten unterge-
bracht, die filigranen Gräser zusammengebunden, die Rosen sorgfältig angehäufelt, die übriggebliebenen Samentüten fürs
nächste Frühjahr geordnet, die Gartengeräte gesäubert, geölt und
verstaut. Die kalte Jahreszeit kann kommen. Doch jetzt droht der
Gärtner mit dem Garten Winterschlaf zu halten. Aber widerste-
hen Sie der Versuchung, diese Monate nur in der warmen Stube
herumzusitzen und in Gartenillustrierten zu blättern. Genießen
Sie mit Mantel und Mütze bewehrt Ihren Garten, vor allem: Entdecken Sie ihn neu, denn der Winter reduziert die Formen und
Strukturen auf das Wesentliche.

Schnee und Raureif verzaubern die Pflanzenwelt, wenn im
Spätherbst nicht alles der Ungeduld des mit seiner Schere bewaff-
neten Gärtners zum Opfer gefallen ist. Die Hagebutten der Wild-
rosen, die Samenstände der Fetthenne und die stolzen Wedel der
Ziergräser verwandeln sich durch Eiskristalle in jahreszeitgemäße
Kunstwerke.

Immergrüne Hecken bilden einen herrlichen Kontrast zum weißen Schnee; Buchs (*Buxus sempervire*ns), Efeu (*Hedera helix*), Berbe-
ritze (*Berberis vulgaris*), Stechpalme (*Ilex*) und Eibe (*Taxus*) sollten
deshalb nicht fehlen und während des Jahres in Form gehalten
werden. Manche dieser Pflanzen haben buntes Laub, andere tragen
rote Beeren. Koniferen begeistern durch einen schönen Wuchs und

lassen sich zu imposanten Gruppen arrangieren. Langsam wachsende Zwergtannen verleihen auch kleineren Gärten Struktur.

Zierhölzer bieten einen willkommenen Farbakzent. Mein Favorit ist der Sibirische Hartriegel (*Cornus alba sibirica*), dessen junge Triebe eine leuchtend rote Rinde besitzen. Als Solitär oder in Vergesellschaftung ist er auch im Winter ohne Laub ein absoluter Blickfang. Er stellt keine besonderen Ansprüche an den Standort, und seine Pflege bereitet kaum Probleme. Nur sollte er im Frühjahr kräftig zurückgeschnitten werden, um den Neuaustrieb anzuregen und so die faszinierende Farbe zu erhalten.

Wenn der Schnee ausbleibt, sind Immergrün (*Vinca*) und Dickmännchen (*Pachysandra*) als Bodendecker schön anzuschauen; zarte Eiskristalle betonen nach frostigen Nächten die Silhouette der Blätter.

Schließlich sollten Sie sich an dem einen oder anderen Winterblüher erfreuen. Die Winter- und die Purpurheide (*Erica carnea* und *Erica erigena*) blicken selbstbewusst aus dem Schnee hervor. Doch es gibt auch blühende Sträucher, die den Garten im Winter zieren. Unbedingt pflanzen sollten Sie eine Zaubernuss (*Hamamelis intermedia*), die ihre Knospen an den noch blattlosen Zweigen öffnet, sobald der Winter bei uns Einzug gehalten hat. Sie ist durchaus frosthart, da in der Lage, bei Kälte und Schnee ihre fadenähnlichen Blütenblätter einzurollen und wieder zu entfalten, sobald die Temperaturen steigen. Dennoch sollte man der betörenden Zaubernuss einen warmen Standort gönnen; der Boden muss kalkarm sein und darf nicht überdüngt werden. Die Blüten der einzelnen Sorten haben unterschiedliche Farben, eine herrlicher als die andere: gelb, orange und rot, und einige verströmen einen intensiven Duft. Der außergewöhnliche Strauch freut sich zudem über eine Einzelstellung, um seine ganze Schönheit zur Schau stellen zu können.

Farbe in den Garten bringt auch der Winterjasmin (*Jasminum nudiflorum*), der Kälte gut verträgt, aber nicht unbedingt an eine

Nordwand gesetzt werden sollte. Wie die Zaubernuss bevorzugt er einen geschützten und sonnigen Standort, ist allerdings beim Boden weniger wählerisch. Der winterblühende Spreizklimmer öffnet nicht selten bereits im Dezember seine intensiv gelb gefärbten Blüten, die die künftige Farbenpracht der Forsythien erahnen lassen. Seine Triebe brauchen eine Rankhilfe; sie sollten nicht zu sehr gekürzt werden, damit die Vielzahl der kleinen Blüten, die an den überhängenden grünen Zweigen sitzen, den Betrachter beeindrucken kann. Während die Zaubernuss keine Schere sehen mag, regt ein regelmäßiger Schnitt den Winterjasmin zur Blüte an; er sollte geduldig zu einem übersichtlichen Strauch erzogen werden.

Als leuchtender Farbtupfer im winterlichen Garten fällt auch die Mahonie (*Mahonia x media »White Sun«*) auf, deren immergrünes Laub zwischen Januar und April durch leuchtend gelbe, traubenförmige Blütenstände ergänzt wird. Mitten im Winter verströmen die Blüten einen honigartigen Duft, der alle Gartenbesucher erfreut. Die Mahonie stellt keine besonderen Ansprüche an den Boden, bevorzugt schattige oder halbschattige Standorte und kann als Ziergehölz auch unter größere Bäume gepflanzt werden. Allerdings ist sie frostempfindlich und sollte nicht an exponierte Plätze gesetzt werden.

Ob Sie einen kleinen oder einen großen Garten haben: Legen Sie ihn so an, dass er Ihnen auch mitten in der kalten Jahreszeit Freude bereitet und Sie nicht sehnsüchtig auf die ersten Frühjahrsblüher warten müssen.

Allerschönste Massenware:
Der Weihnachtsstern

Euphorbia pulcherrima. Die allerschönste Wolfsmilch, *vulgo* der Weihnachtsstern. Vielen gilt er als Inbegriff der Spießigkeit. Seit November werden weltweit Abermillionen Stück verkauft – als »Pyramide« und »Hochstamm«, als »Minipflanze« und »Mehrtrieber«. Auch ich persönlich mag diese Massenware nicht sonderlich.

Die Pflanze verzeiht keine Pflegefehler. Kaltes Gießwasser, kühlere Temperaturen, Düngermangel und zugige Luft führen rasch zu gravierenden Schäden. Erst verfärben sich die Blätter, dann fallen sie zu Boden. Nicht wenige der Weihnachtssterne aus dem Supermarkt werden zusätzlich mit Farbspray malträtiert. Zum Jahreswechsel sind sie ruiniert und wandern in den Müll.

Doch schauen wir uns die noch gesunden Exemplare an. Elegant geformte und von Blattadern ornamentierte Laubblätter in dunklem Grün bilden einen attraktiven Kontrast zu den gefärbten Hochblättern, den sogenannten Brakteen, die den eigentlichen Schmuck ausmachen. Durch Züchtung ist die Farbpalette inzwischen breit: Sie reicht von klassischem Rot über Roséfarben und Violetttöne bis zu Weißschattierungen. Wenn es sein muss, geht es auch zweifarbig. Die über den Hochblättern sitzenden Blüten sind eher unscheinbar. Als Kurztagblüher entwickelt der Weihnachtsstern seine leuchtenden Farben nur dann, wenn er mindestens zwölf Stunden absolut dunkel steht.

Die Heimat des Weihnachtssterns ist Lateinamerika, wo er als Strauch einige Meter hoch wachsen kann. Die Azteken benutzten seinen milchigen Saft, um Fieber zu senken. Fromme Franziskaner dekorierten mit den prächtigen Blättern an Weihnachten ihre Kirchen in Neuspanien. Europa lernte den Strauch zu Beginn des 19. Jahrhunderts durch den reisefreudigen Polyhistor Alexander von Humboldt kennen. In die Vereinigten Staaten brachte ihn um 1830 der erste nordamerikanische Botschafter in Mexiko, Joel Roberts Poinsett; nach ihm heißt die Pflanze in der englischsprachigen Welt auch heute noch *poinsettia*.

Doch den Ursprung für den globalen Erfolg legte ein deutscher Weltverbesserer, der 1902 nach Kalifornien auswanderte. Der Magdeburger Lehrer Adolf Ecke wollte seine lebensreformerischen Träume in der Ferne realisieren. Fleißig baute er auf seiner Ranch Obst und Gemüse an, kultivierte aber zugleich die auf den Hügeln wild wachsenden Weihnachtssterne. Zum Fest schnitt er die prächtigen Blätter ab, band sie zu Sträußen zusammen und verkaufte sie an einen Großhändler. Die nachfolgenden Generationen machten aus dem gut gehenden Geschäft ein florierendes Unternehmen. Das Geheimnis des Erfolges: Man wusste ihre exklusive Verwendung als Schnittblume zu überwinden und den Weihnachtsstern als Topfpflanze zu vermarkten. Züchtungserfolge in den 1950er Jahren ließen ihn in Wuchs und Farbe ansehnlicher werden, und er gedieh jetzt bei Zimmertemperatur. Kräftige Wurzelstecklinge aus den Gewächshäusern wurden mit Luftfracht in alle Welt gebracht. Gleichzeitig verwandelte die Familie Ecke die *poinsettia* in einen medialen Star; seit den 1960er Jahren schmücken ihre Pflanzen in der Weihnachtszeit das Weiße Haus und zahllose Fernsehstudios.

Noch vor der Millenniumswende hielt die Gentechnik Einzug in die Pflanzenzucht. In der kalifornischen Heimat des Weihnachtssterns entstand ein Forschungslabor, das mit Mutationszüchtungen neue Wege beschritt. Die Gewächshäuser wurden in den Regenwald von Guatemala verlegt, um den steigenden

Kostendruck zu reduzieren. In guten Jahren verkaufte Ecke über 100 Millionen Stecklinge in der ganzen Welt. Inzwischen gehört das Unternehmen einem international tätigen Großkonzern, der sich auf die Produktion von Jungpflanzen spezialisiert hat. Die Gewächshäuser sind mittlerweile nach El Salvador verlagert. Der Weihnachtsstern illustriert den harten Wettbewerb einer globalen Pflanzenindustrie, die allein durch Konzentration ökonomischer Mittel, Diversifizierung der Produktion und Ausbeutung ökologischer und humaner Ressourcen Gewinn erwirtschaften kann. Nur so ist es möglich, dass Weihnachtssterne für wenig Geld fast überall zu haben sind. Dabei geben sie nur ein kurzes Gastspiel in den festlich geschmückten Stuben.

Der Weihnachtsstern ist das florale Symbol einer ubiquitären Wegwerfmentalität. Dabei ist die Kurzlebigkeit dieser Pflanze nicht in die Gene gelegt. Vielleicht entsorgen Sie nach den Festtagen Ihren Weihnachtsstern nicht als ephemeren Teil der Advents- und Weihnachtsdekoration, sondern sehen in ihm eine gärtnerische Herausforderung. Mit sorgsamer Pflege kann aus der Massenware in ein paar Jahren ein prächtiger Strauch werden, der selbst ohne farbige Hochblätter stattlich und vor allem unverwechselbar ist.

Zweiter Teil

UM DIE WELT

Pflanzen auf Reisen:
Botanische Gärten

Für die globale Verbreitung von Pflanzen waren – und sind – Botanische Gärten von überragender Bedeutung. Die ersten Anlagen wurden Mitte des 16. Jahrhunderts in norditalienischen Städten errichtet: in Padua, Pisa und Florenz. Etwa zur selben Zeit plante man an der Universität Leipzig einen *hortus medicus*, einen Arzneipflanzengarten, und 1586 wurde an der Universität Jena ein solcher erstmals realisiert. Im 16. und 17. Jahrhundert entstanden in ganz Europa *horti medici*, die im Zuge der Verwissenschaftlichung der Naturforschung auch *horti botanici*, Botanische Gärten, genannt wurden.

Die praktische Versorgung mit pflanzlichen Heilmitteln trat in den Universitätsgärten rasch in den Hintergrund; sie dienten der botanischen, pharmazeutischen und medizinischen Ausbildung der Studenten sowie der wissenschaftlichen Forschung der Professoren. Die geographische Perspektive beschränkte sich dabei keineswegs auf die unmittelbare Umgebung. Pflanzen aus fremden Regionen wurden in diesen Gärten heimisch. Die Leiter der Einrichtungen gingen bereits in der frühen Neuzeit auf Reisen, um ihre Sammlungen zu bestücken, und etablierten einen Tauschhandel mit Medizinern, Apothekern und Botanikern an fernen Orten. Manche Institutionen schlossen sogar Verträge, um den regelmäßigen Austausch von Pflanzensamen zu garantieren. Heute erstellen fast alle Botanischen Gärten auf der Welt jährlich ihren Samenkatalog, den *Index seminum*, der dem Erhalt der Artenvielfalt und dem Aus- oder Wiederaufbau von Pflanzensammlungen dient.

Nachdem der schwedische Naturforscher Carl von Linné im 18. Jahrhundert die Grundlage der modernen botanischen Taxonomie gelegt hatte, wurden die Botanischen Gärten zu den bevorzugten Orten wissenschaftlicher Pflanzensystematik; Linnés binäre Nomenklatur, seine zweiteilige Bezeichnung der Pflanzen mit Gattungs- und Artnamen trat von hier aus ihren Siegeszug an. Darüber hinaus widmeten sich die Botanischen Gärten der experimentellen Pflanzenzucht. Deshalb waren auch Kaufleute an solchen Sammlungen interessiert: Unbekannte Pflanzen sollten bestimmt und kultiviert werden, damit man sie gewinnbringend weiterverbreiten konnte. Zugleich musste technisches Wissen optimiert werden, um exotische Pflanzen anzusiedeln; findige Ingenieure entwickelten etwa Treibhäuser und Thermometer weiter.

Botanische Gärten dienten immer auch der Herrschaftsrepräsentation, wie die königlichen Gärten bei London, die heutigen *Kew Gardens*, sowie der *Jardin du Roi*, der heutige *Jardin des Plantes*, in Paris eindrücklich bestätigen. Der Botanische Garten in Puerto de la Cruz auf Teneriffa wurde auf Befehl des spanischen Königs Karl III. 1788 angelegt, um tropische Pflanzen aus den lateinamerikanischen Kolonien an das europäische Klima zu gewöhnen.

Der größte Botanische Garten Deutschlands befindet sich in Berlin und ist aus dem Hof- und Küchengarten des Großen Kurfürsten hervorgegangen. Die landwirtschaftliche Musteranlage, die 1679 auf dem Gelände des heutigen Kleistparks geschaffen wurde, verwandelte sich im Laufe der folgenden Jahrhunderte zu einer Einrichtung von Weltrang, in der sich die Entwicklung der Botanik zu einer eigenständigen Wissenschaft spiegelte. Neu entdeckte Pflanzen wurden hier beschrieben, systematisiert und als Studienobjekte biologischer Forschungen kultiviert.

Ende des 19. Jahrhunderts reichte der Platz nicht mehr aus. Der Staat zeigte sich großzügig und stellte auf dem Gelände der alten

Domäne Dahlem ein Areal von 43 Hektar zur Verfügung, auf dem auch ein botanisches Museum erbaut wurde. Die Konzeption war äußerst innovativ: Die Erfordernisse von Forschung und Lehre wurden mit dem pädagogischen Anspruch auf Breitenbildung verbunden. Die sukzessive Verlegung begann 1897 und dauerte bis in die erste Dekade des neuen Jahrhunderts. 1904 erhielten die Berliner zum ersten Mal Einlass. Keine vierzig Jahre später fegte der Feuersturm des Bombenkrieges über die Gewächshäuser hinweg und zerstörte unersetzliche Herbarsammlungen.

Der mühsame Wiederaufbau begann 1950 und war erst 1987 abgeschlossen. Heute finden sich im Garten über 20 000 Arten aus aller Welt. Das Herbarium umfasst 3,8 Millionen getrocknete und konservierte Pflanzenbelege, darunter seltene Algen, Moose, Farne, Pilze und Flechten. Die Dahlemer Saatgutbank enthält derzeit etwa 13 000 Aufsammlungen; viele stammen von gefährdeten Arten. Hinzu kommt schließlich eine DNA-Datenbank, in der inzwischen 50 000 Proben aufbewahrt werden. Der Berliner Botanische Garten leistet wie die anderen Einrichtungen seiner Art einen wichtigen Beitrag zur Erforschung der Pflanzensystematik, Phylogenetik und Pflanzengeographie, aber auch zum Erhalt und zur Dokumentation bedrohter Arten im Zeitalter globaler ökologischer Zerstörung. Die fachkundige Darbietung der botanischen Vielfalt auf engem Raum sensibilisiert jeden Besucher und jede Besucherin eines Botanischen Gartens für die Notwendigkeit eines weltweiten Umweltschutzes.

Der islamische Garten:
Die Alhambra in Granada

Washington Irving war von der islamischen Kultur, die er in Andalusien kennenlernte, zutiefst beeindruckt. Harsch kritisierte er die Zerstörungen, die durch die Reconquista, die christliche Rückeroberung der iberischen Halbinsel, verursacht worden waren. Seit 1826 bereiste der amerikanische Schriftsteller Spanien, und 1829 besuchte er Granada, nachdem er zuvor eine Biographie von Christoph Kolumbus und eine *Chronik der Eroberung von Granada* verfasst hatte. Der Kommandant der Alhambra, der »roten Burg« der andalusischen Stadt, gestattete ihm, einige der freistehenden Gemächer des Palastes zu bewohnen, den die Nasriden, die maurischen Herrscher über Granada, ab dem 13. Jahrhundert errichtet hatten. Irving blieb mehrere Monate und fühlte sich wie in einem Märchen aus »1001 Nacht«. Seine Beobachtungen und Erlebnisse veröffentlichte er 1832 unter dem Titel *The Alhambra: A Series of Tales of the Moors and Spaniards*. Eine deutsche Übersetzung erschien noch im selben Jahr.

Mit romantischem Pathos und orientalistischer Phantasie beschrieb der amerikanische Schriftsteller den Niedergang der einst prächtigen Anlage auf einem breiten Bergrücken unter den christlichen Herrschern, die 1492 Granada erobert hatten: »Die schönen Hallen vereinsamten, einige fielen sogar in Trümmer. Die Gärten wurden verwüstet, und Unkraut überwucherte die Beete. Die Springbrunnen hörten auf zu spielen; die Wasserbecken trockneten aus.« Noch heute wird erzählt, dass Irving die Alhambra für die Welt wiederentdeckt und vor dem Untergang bewahrt habe. Es war aber wohl eher der Tourismus, der im 20. Jahrhundert entscheidend zur Instandsetzung und Bewahrung des einzigartigen Monumentes der maurischen Kunst beigetragen hat. Seit 1984 ist die Anlage Teil des Weltkulturerbes der UNESCO.

Die Bedeutung des Wassers für die islamische Palastarchitektur hat Irving eindrücklich beschrieben. Das kühlende Nass, das durch ein aufwändiges Leitungssystem und eine ausgeklügelte Hydraulik herangeführt wurde, war allgegenwärtig: »Es strömt in die Bäder, bewässert die Fischteiche, sprudelt aus Brunnen und springt aus Fontänen, es murmelt in Kanälen oder ergießt sich über Marmorböden.« Dann befeuchtet es »Gärten und Wiesen, Blumen und Bäume«, fließt langsam den Hügel zur Stadt hinab und lässt »die Hänge der Alhambra in ewigem Grün prangen«.

In den Innenhöfen, auf die alle Räume hin ausgerichtet sind, ist Wasser das entscheidende Gestaltungselement. Den mit Arkaden umgebenen Myrtenhof dominiert ein großes Becken, an dessen Seiten einst eine farbenprächtige Vegetation die Bewohner erfreute. Im sogenannten Löwenhof fehlen heute Pflanzen fast ganz; hier zieht ein Brunnen alle Blicke auf sich, dessen Becken aus weißem Marmor von zwölf kreisförmig angeordneten Löwen auf dem Rücken getragen wird und dessen Schönheit bereits der maurische Hofdichter Ibn Zamrak besungen hat.

Etwa fünfzig Meter oberhalb des Palastes liegt die Sommerresidenz der Nasriden, der sogenannte Generalife. Der Name wird häufig als »Garten des Architekten« übersetzt; aber die Etymologie ist strittig. In dem Komplex verbinden sich Gebäude, Grünflächen und Wasserspiele zu einer harmonischen Einheit. Alle erdenklichen Annehmlichkeiten eines Privatpalais finden sich hier versammelt: reich verzierte Pavillons, prachtvolle Bäder, kühlende Patios. Die in das 14. Jahrhundert zurückreichende Anlage gilt vielen als eines der ältesten noch erhaltenen Zeugnisse eines maurischen

Palastgartens. Dabei sollte nicht übersehen werden, dass die heutige Ansicht auf die umfangreichen Renovierungen und neuen Bepflanzungen in der ersten Hälfte des 20. Jahrhunderts zurückgeht, also durchaus eine gartenarchitektonische Bricolage der neuesten Zeit darstellt. Der nördliche Teil der Gärten mit einem Labyrinth aus Rosensträuchern wurde 1931 entworfen, der südliche Teil zwanzig Jahre später fertiggestellt. Sie verweisen nicht auf die ursprüngliche Vegetation, sondern reflektieren die botanischen Vorlieben im Spanien des 20. Jahrhunderts.

Dank der Beschreibungen des venezianischen Humanisten Andrea Navagero, der im frühen 16. Jahrhundert auch Granada bereiste, sind jedoch wichtige Elemente des ursprünglichen Aussehens der Gärten noch greifbar. Jüngere Ausgrabungen haben manches bestätigt, was der Reisende aus Venedig erwähnt hat. So waren die Beete mit Myrtensträuchern und Orangenbäumen bepflanzt. Mit dem Wasser, das man aus dem Fluss Darro heranführte, wurde verschwenderisch umgegangen, wie eine aus Kaskaden gebildete »Wassertreppe« eindrücklich bestätigt. Doch der Generalife diente nicht nur dem privaten Luxuskonsum der Herrscherfamilie in den heißen Monaten des Jahres. Er war, wie vergleichbare Residenzen in Andalusien und Nordafrika zeigen, ein landwirtschaftliches Gut, in dem Obst und Gemüse angebaut wurden.

Die agrarische Nutzung des Areals sollte man nicht vergessen, wenn man sich durch die Lektüre von Washington Irving in eine fremde Welt entführen lässt, wo alles »zu jener trägen und vergessenden Ruhe« einlädt, »die man nur im Süden kennt, fühlt und erlebt, wo das Rauschen des Laubes, das Murmeln eines fließenden Wassers, das Plätschern eines Springbrunnens den Menschen sanft in den Schlaf wiegt«.

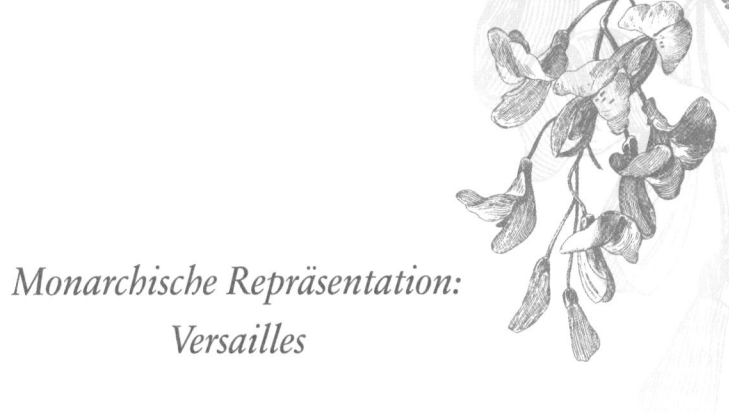

Monarchische Repräsentation: Versailles

Residenzen sind Orte der performativen Begründung und Bestätigung monarchischer Herrschaft. Dies zeigt sich exemplarisch in einer Epoche, die mit Jean Bodin als Absolutismus bezeichnet wird. Der französische Jurist entwickelte in den siebziger Jahren des 16. Jahrhunderts im Zuge der französischen Religionskriege das Konzept einer Monarchie, in der die Position des Herrschers absolut gesetzt und nicht an das positive Recht gebunden war. Der Monarch war *legibus solutus*, also der irdischen Gerichtsbarkeit entzogen und sein individueller Anspruch auf umfassende Herrschaft göttlich legitimiert.

Ein solches Herrschaftsverständnis verlangte eine überzeugende architektonische Inszenierung. Ludwig XIV. hat sie in Versailles realisiert. Die politische Kultur des barocken Hofes fand hier ihren idealtypischen Ausdruck. Das Schloss ließ der französische König von 1668 an systematisch zu seinem Regierungssitz ausbauen; der Mittelbau wurde durch zwei riesige Seitenflügel ergänzt, die zugleich die räumlichen Voraussetzungen für eine große Hofhaltung schufen. Versailles ist die bedeutendste Schloss- und Parkanlage Frankreichs und wurde zu einem Vorbild für die monarchische Repräsentation in ganz Europa.

Der Park senkt sich vom Schloss aus in Terrassen herab. Ihn schmücken farbige Blumenbeete, grüne Rasenteppiche, klassische Statuen, Wasserbecken und Springbrunnen. Für seine Anlage war der geniale Gartenarchitekt André Le Nôtre verantwortlich, der zuvor bereits für den Finanzminister Nicolas Fouquet den Garten seines Schlosses Vaux-le-Vicomte südöstlich von Paris angelegt hatte. Die von ihm entworfene klare Struktur der diagonalen und orthogonalen Achsen wurde immer wieder als Reflex der absolutistischen Monarchie gedeutet, die sich durch ein Netz von Alleen weit über den Park hinaus der angrenzenden Landschaft bemächtigt.

Linearität und Symmetrie sind die oft bemühten Stichworte für diese Komposition. Doch Le Nôtre hat seine Planungen nicht der Tyrannei gerader Linien unterworfen. Es gibt durchaus Abweichungen und Verkürzungen, und optische Kunstgriffe sind allgegenwärtig. Die Formen sind auf das perspektivische Sehen hin ausgerichtet, um Bilder von perfekter Harmonie zu kreieren. Der »Grand Canal« bestimmt die Hauptachse, aber für Spannung und Abwechslung sorgen phantasievoll gestaltete Räume, die »Bosquets«, die als Labyrinthe, Freilichtbühnen, Garten- oder Brunnensäle phantasievolle Inszenierungen mit Skulpturengruppen und Wasserspielen ermöglichten.

Mehr als zwei Jahrzehnte hat Le Nôtre an dem Gartenkunstwerk gearbeitet, ungeheure Finanzmittel verbraucht, zahllose Gärtner und Hilfsarbeiter eingesetzt. Das Gelände schien auf den ersten Blick ungeeignet für das königliche Großprojekt. Am Ende triumphierte der Architekt über die Natur – dank der technischen Möglichkeiten und Errungenschaften seines Zeitalters. Der König war angetan und verfasste selbst einen Leitfaden für den Rundgang durch seinen Park: *Manière de montrer les Jardins de Versailles*, in dem der Verlauf der Besichtigung festgelegt war.

Die Beherrschung der Natur im Schlossgarten von Versailles haben schon Zeitgenossen mit der Unterwerfung des Adels durch den Sonnenkönig parallelisiert. Gewiss verwandelte der universelle Herrschaftsanspruch des Monarchen die ungebändigte Natur in ein anspruchsvolles Kunstwerk. Doch im französischen Park

sollte wie im höfischen Zeremoniell eine hierarchisch struktu-
rierte Ordnung geschaffen werden, die Adel und Monarch gleichermaßen schätzten, weil beide davon profitierten, wie schon
Norbert Elias gesehen hat: Das Zeremoniell diente dem adligen
Bedürfnis, den eigenen Rang zu manifestieren, während der König
das Zeremoniell wiederum zur Disziplinierung des Adels am Hofe
nutzen konnte. Eine raffinierte Etikette und eine ausgeprägte Fest-
kultur verschafften dem König Anerkennung und Autorität und
integrierten die Führungsschicht kulturell in das politische System. Manifeste Statuskonkurrenz und differenzierte Rangdemons-
tration kennzeichneten daher den Alltag in Versailles. Monarchische und aristokratische Geltungsansprüche bedingten einander
jedoch wechselseitig. Der Monarch unterwarf sich deshalb wie alle
Mitglieder des Hofes den Regeln einer strengen Etikette. Gemeinsam achtete man auf die feinen Unterschiede – im Palast wie im
Garten.

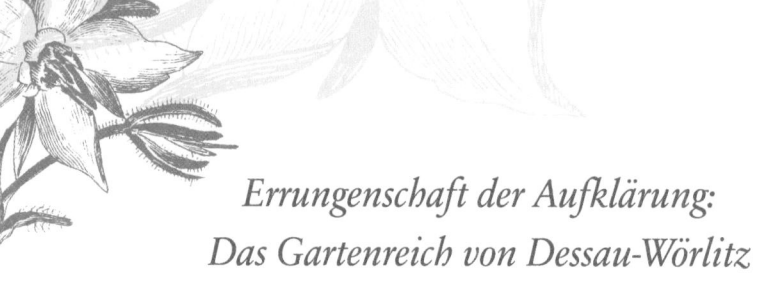

Errungenschaft der Aufklärung:
Das Gartenreich von Dessau-Wörlitz

D er »Englische Garten« war auf dem europäischen Kontinent im letzten Drittel des 18. Jahrhunderts eine regelrechte Verheißung: Der Landschaftsgarten nach britischem Vorbild erteilte der strengen Ordnung der barocken Herrschaftsarchitektur eine entschiedene Absage. Dieser aufgeklärte Garten war zutiefst bürgerlich, obgleich ihm spätabsolutistische Aristokraten zum Siegeszug verhalfen.

Als frühestes Beispiel eines englischen Gartens in Deutschland gilt der Park von Wörlitz. Sein Schöpfer ist der anglophile Fürst Leopold Friedrich Franz von Anhalt-Dessau (1740–1817), der auf seiner Grand Tour gleich zweimal das gelobte Land besuchte und aus England nicht nur seine Passion für den Landschaftsstil, sondern auch für die Neogotik mitbrachte. Ihm zur Seite stand der Architekt Friedrich Wilhelm von Erdmannsdorff (1736–1800), ein Freund Johann Joachim Winckelmanns, der sich für den Stil der Griechen begeisterte und die wiedererstandene Antike im Auengebiet an Elbe und Mulde heimisch machte. Es entstand ein Gartenreich, das schließlich 600 km² umfasste und zum Wallfahrtsort der aufgeklärten Zeitgenossen wurde. Die Elite der deutschen Landschaftsarchitektur: Friedrich Ludwig von Sckell, Peter Joseph Lenné und Hermann von Pückler-Muskau schulten hier ihren Blick für geniale Sichtachsen und ihr Gespür für kunstvoll arrangierte Gartenbilder.

Das Gesamtkunstwerk, das Obstwiesen, Gewässer, Alleen, Wälder und Ackerflächen integrierte, überdauerte den Autobahnbau im »Dritten Reich«, den Bombenhagel des Zweiten Weltkrieges und die Mangelwirtschaft des Staatssozialismus. Ein Areal von 142 km² steht unter Denkmalschutz und findet sich seit dem Jahr 2000 auf der UNESCO-Liste des Weltkulturerbes. Dazu gehören das Barockschlösschen Oranienburg mit einer herrlichen Orangerie, die Rokoko-Perle Schloss Mosigkau, das klassizistische Landhaus und der Garten Luisium, das Schloss Georgium, die Gärten von Kühnau und die Waldeinsamkeit am Sieglitzer Berg.

Ziel und Höhepunkt der großartigen Inszenierung ist jedoch das etwa 120 ha große Terrain am Wörlitzer See, das Wieland als »Zierde und Inbegriff des 18. Jahrhunderts« pries. Hier wurde das poetische Postulat des römischen Dichters Horaz, das Schöne mit dem Nützlichen zu verbinden, *aut prodesse aut delectare* (*Ars poetica* 333), in der Gestaltung der Landschaft verwirklicht. Der Fürst wollte seine Untertanen nicht nur am Philanthropischen Institut innerhalb der Mauern seiner Residenz bilden, sondern auch vor den Toren der Stadt in seiner Parkanlage durch das Anschauen und Erleben der frei geordneten Natur erziehen. Die Rousseauinsel, dem Park von Ermenonville nachgebildet, war sein öffentliches Bekenntnis zu den Ideen der Aufklärung.

Der heutige Besucher wandelt am Seeufer, besteigt den Vesuv von Wörlitz, wird in den Tempel der Venus und die Höhle des Eremiten entführt, verirrt sich im Heckenlabyrinth, bestaunt Chinoiserien und Antikensammlungen, grübelt im Pantheon über die Frage, ob die Kunst der Natur folgen oder die Natur die Kunst verbessern solle, und zieht sich schließlich erschöpft in das Refugium des Fürsten, das berühmte Gotische Haus, zurück. Auch heute gilt, was schon Goethe im Mai 1778 über den Park schrieb: »unendlich schön.«

In aller Herren Länder:
Koloniale Gärten

Relikte aus Deutschlands kurzer kolonialer Vergangenheit finden sich nicht nur in öffentlichen Museen, sondern auch auf privaten Fensterbänken. Das bekannteste Beispiel ist das Usambaraveilchen, das wegen seiner dekorativen Blüten beliebt ist, allerdings durchaus Ansprüche an die Pflege stellt: Es ist frostempfindlich, benötigt eine konstante Temperatur und hohe Luftfeuchtigkeit, möchte aber nur wenig Wasser, gedeiht am besten im Halbschatten und sollte vor Zugluft geschützt werden.

Seinen wissenschaftlichen Namen *Saintpaulia* verdankt die bekannte Topfpflanze dem Botaniker Hermann Wendland, der damit den deutschen Kolonialbeamten Walter von Saint Paul-Illaire unsterblich machte. Der Spross einer hugenottischen Adelsfamilie soll zu Beginn der 1890er Jahre, als er in Deutsch-Ostafrika, dem heutigen Tansania, tätig war, in den Usambarabergen die Blume entdeckt haben, die ihn an das heimische Veilchen erinnerte. Die aus den Samen kultivierten Pflanzen traten von Deutschland aus den Siegeszug um die Welt an.

In Deutsch-Ostafrika, der größten deutschen Kolonie, wurde 1902 ein Biologisch-landwirtschaftliches Institut eröffnet, das den Wettbewerb mit vergleichbaren Einrichtungen anderer Kolonialmächte aufnehmen sollte. Sein erster Direktor war der Botaniker Albrecht Zimmermann, der zuvor in Buitenzorg auf Java gearbeitet hatte. Dort hatten die Niederländer einen Botanischen Garten bereits zu Beginn des 19. Jahrhunderts angelegt, um die Pflanzen auf dem Malaiischen Archipel zu erkunden. Doch über die größte Erfahrung mit kolonialen Gärten verfügten die Briten. Als älteste Einrichtung dieser Art darf der Garten auf der Karibikinsel St. Vincent gelten, der 1765 gegründet worden war und den schon bald das Kriegsministerium finanzierte. In den nächsten Jahrzehnten wurden überall, wo die britische Flagge wehte, Gärten angelegt, so 1787 in Kalkutta und 1820 in Sydney. In Neusüdwales hoffte man, verurteilte Straftäter durch Feldarbeit zu gesetzestreuen Bürgern zu erziehen.

Die Nachrichten aus den Versuchsstationen des Weltreiches flossen in den Royal Botanic Gardens in Kew zusammen. In Deutschland, das auch in der kolonialen Botanik Nachholbedarf hatte, wurde erst 1891 auf Initiative der Kolonialabteilung des Auswärtigen Amtes nach englischem Vorbild die »Botanische Zentralstelle für die deutschen Kolonien« geschaffen, die dem Botanischen Garten in Berlin angegliedert war und rasch auch internationale Bedeutung erlangte.

Trotz unterschiedlicher organisatorischer und administrativer Strukturen kennzeichnet alle diese kolonialen Gärten das gemeinsame Ziel, wissenschaftliche mit ökonomischen und politischen Interessen zu verbinden. Zunächst wurden Pflanzen, die in Europa unbekannt waren, gesammelt und nach den Regeln der Botanik klassifiziert. Dann studierte man systematisch die Bedingungen, unter denen neue Pflanzen, deren Anbau für die Medizin, die Landwirtschaft, die Kriegsführung oder die Industrie lohnte, akklimatisiert werden konnten. Ergebnis war ein beachtlicher Zuwachs an Wissen, das in zahllosen Publikationen weltweit zirkulierte. Zugleich wurden Pflanzen und Saatgut transnational gehandelt und interimperial getauscht. Europäische Botaniker teilten ihre Erkenntnisse über Artenauswahl, Hybridisierung und Anbaumethoden. So war es ein in einer englischen Zeitschrift veröffentlichter Artikel über Sisal, der den industriellen Anbau dieser bisher nur im mexikanischen Yucatan produzierten Naturfaser in Deutsch-Ostafrika initiierte.

Noch bis weit in das 20. Jahrhundert hinein war zu lesen, dass solche Gärten in den Kolonien der Kultivierung der Landschaft und der Zivilisierung der Bevölkerung gedient hätten. Nahrhafte Feldfrüchte, exotische Gewürze und wohlschmeckende Obstsorten seien verbreitet worden. Die Wirklichkeit sah anders aus: Die Brotfrucht kam 1793 aus Tahiti in den Garten von St. Vincent; von dort konnten die lokalen Plantagenbesitzer Stecklinge beziehen, um sie selbst anzubauen. Damit war eine preiswerte Nahrungsquelle gefunden, die es ermöglichte, die Kosten für die Verpflegung der Sklaven zu senken, deren Arbeit man benötigte, um großflächig Baumwolle anzubauen, mit der die Spinnereien im englischen Lancashire beliefert wurden.

Das weltumspannende Netz kolonialer Gärten hatte aber auch entscheidenden Anteil an einer Entwicklung, in deren Verlauf der Anbau wertvoller Pflanzen aus indigenen Märkten in eine vollständig von Europäern kontrollierte Plantagenwirtschaft verlagert wurde. Eine der begehrtesten Waren im internationalen Handel war der Tee. Nach dem Opiumkrieg brachte die British East India Company die Pflanze nach Indien und Ceylon. Bald musste das britische Nationalgetränk nicht mehr aus China bezogen werden, sondern kam aus den eigenen Kolonien. Um allerdings die riesige Anbaufläche auf dem Subkontinent profitabel bearbeiten zu können, wurden verarmte Bauern und landlose Arbeiter rücksichtslos ausgebeutet.

Aus den Bergwäldern der südamerikanischen Anden und aus dem Amazonasbecken schmuggelten Botaniker Samen und Sämlinge des Chinarinden- (*Cinchona*) und des Kautschukbaumes (*Hevea brasiliensis*) in ihre Heimatländer. Gewinnbringend wurden sie auf großen Flächen in den Kolonien angebaut. Die Folgen für Afrika waren fatal. Der Kautschukboom brachte millionenfaches Leid über die kongolesische Bevölkerung, die während der despotischen Herrschaft des belgischen Königs Leopold II. unter schlimmsten Misshandlungen den Latex genannten Milchsaft, der für die Gummiherstellung verwendet wurde, einsammeln mussten. Und aus der Chinarinde gewann man Chinin, mithin das Medikament, das gegen Malaria schützte und damit die blutige Unterwerfung des afrikanischen Kontinents im späteren 19. Jahrhundert durch die europäischen Mächte sicherte.

Napoleons Erbe:
Die Villa Carlotta am Comer See

Am Anfang war Napoleon. Auch in der Lombardei. Von seiner Patronage profitierte eine kleine Elite, die repräsentative Bauten rund um den Comer See ihr eigen nannte. Dorthin konnte man sich auch zurückziehen, wenn die politische Karriere nicht den erhofften Verlauf nahm. In der postrevolutionären Zeit bestimmte nicht mehr allein die aristokratische Deszendenz, sondern auch die ökonomische Potenz das gesellschaftliche Ansehen.

Francesco Melzi d'Eril, Vizepräsident der kurzlebigen, von Bonaparte geschaffenen italienischen Republik, ließ auf der Halbinsel Bellagio im ersten Jahrzehnt des 19. Jahrhunderts seinen Palast inmitten eines großen Gartens errichten. Sein innenpolitischer Rivale Giambattista Sommariva, ein Parvenu von Napoleons Gnaden, hatte bereits 1801 auf der gegenüberliegenden Seeseite bei Tremezzo eine ältere Villa erworben und nach dem Geschmack der Zeit umgebaut.

Die neoklassizistische Antikenbegeisterung verband Geldadel und Großbürgertum. Die Architektur der Gebäude sollte die Schönheit der Landschaft betonen. Man vertraute auf klare Linien und schlichte Raumordnung. Die lombardische Oberschicht gefiel sich in der Rolle des Mäzens: Die bekanntesten Künstler wurden beauftragt, Paläste und Parks zu gestalten. Sommariva beschäftigte mit dem Dänen Bertel Thorvaldsen den teuren Star der römischen Kunstszene, der Winckelmanns Postulat von der »Nachahmung der Alten« in einem monumentalen Fries umsetzte, das Alexanders triumphalen Einzug in Babylon zeigte und das er 1812 für Napoleons geplanten Besuch in Rom entworfen hatte. Für seine Villa ließ der Politiker eine Marmorversion anfertigen, zu der sich mit *Amor und Psyche* und der *Büßerin Magdalena* einige der berühmtesten Werke des Bildhauers Antonio Canova gesellten.

Die terrassierten Parks wurden nach dem Vorbild englischer Landschaftsgärten angelegt. Die weitläufigen, mehrere Hektar umfassenden Anlagen boten hinreichend Raum für die Begründung familialer Erinnerungskultur, die sich in Mausoleen und Familienkapellen manifestierte. In den Gärten selbst fehlte es nicht an Skulpturen und Statuen; geschätzt wurden künstlich angelegte Grotten und Schluchten, Wasserspiele und Bachläufe. Orientalische Zitate waren beliebt, maurische Vorbilder wurden imitiert.

Das milde Klima garantierte einen üppigen Pflanzenwuchs. Exotische Gewächse waren teuer, dienten aber der sozialen Nobilitierung der Profiteure napoleonischer Politik. Parks und Villen adaptierten auf kreative Weise antike und moderne Paradigmen. Die Gäste waren begeistert. Stendhal feierte schon 1817 die Schönheit der Villa Melzi in seinem Reisebericht *Rom, Neapel, Florenz*, und Franz Liszt ließ sich zwei Jahrzehnte später durch die Statuen von Dante und Beatrice vor dem Gartenpavillon zur *Sonate für Dante* inspirieren.

Heute faszinieren mannshohe Kamelienhecken, üppige Azaleenbüsche und mächtige Rhododendronbäume Scharen von Touristen; riesige Tulpenbäume, herrliche Zitrusgewächse und hochragende Zedern spenden unter der südlichen Sonne Schatten. Seerosenteiche, japanische Ahorne und Bambushaine unterstreichen östliche Einflüsse.

Die Villa Sommariva heißt inzwischen Villa Carlotta; der Namenswechsel spiegelt die Zeitläufte. Die Nachfahren konnten im Risorgimento die Kosten für den Unterhalt nicht mehr aufbringen und verkauften das Objekt 1843 an Marianne von Oranien-Nassau, die skandalumwitterte Frau des Prinzen Albert von Preußen. Sie schenkte Haus und Garten sieben Jahre später ihrer Tochter, Prinzessin Charlotte von Preußen, anlässlich ihrer Hochzeit mit Georg, dem Kronprinzen von Sachsen-Meiningen. Ihr verdankt die Villa ihren heutigen Namen; Ludwig Bechstein feierte bereits 1857 in seinen *Poetischen Reisebildern vom Comersee und aus den lombardisch-venetianischen Landen* die »Villa Carlotta«. Nach dem frühen Tod seiner Frau hielt sich Georg häufig dort auf und kümmerte sich persönlich um die Pflege des Parks.

Während die Villa Melzi auch heute noch der Familie gehört, ist die Villa Carlotta seit 1927 in italienischem Staatsbesitz. Beide sind der Öffentlichkeit zugänglich. Man sollte die Gärten im Frühjahr besuchen, dann ist die Blütenpracht der Rhododendren überwältigend. Und zwischen den Büschen und Bäumen eröffnen sich traumhafte Blicke auf das in der Sonne glitzernde Wasser und die schneebedeckten Gipfel der Berge.

Von Igor Strawinsky verewigt:
Dumbarton Oaks Garden in Washington

Strawinsky war begeistert. Kaum einen Steinwurf vom Kapitol entfernt genoss er Farben und Schönheit eines gut vier Hektar großen Parks, der ihn mitten in der Neuen Welt an die europäische Heimat erinnerte. Den berühmten Komponisten, der sich 1937 auf seiner dritten Amerikatournee befand, hatten Mildred und Robert Woods Bliss auf ihren »Landsitz« vor den Toren Washingtons eingeladen. Das prachtvolle Herrenhaus aus dem 19. Jahrhundert war ein beliebter Treffpunkt amerikanischer und europäischer Künstler. Strawinsky erhielt von dem mäzenatischen Ehepaar den Auftrag, zu ihrem 30. Hochzeitstag ein Werk zu komponieren. So entstand das *Concerto in Es – Dumbarton Oaks*, das am 8. Mai 1938 in ebendiesem Garten uraufgeführt wurde. Das dreisätzige Kammerkonzert für fünfzehn Instrumente adaptiert meisterhaft das kontrapunktische Arrangement der Parkanlage, in der die Polyphonie englischer, französischer und italienischer Traditionen eine eindrucksvolle ästhetische Einheit bilden.

Geschaffen hat diesen herrlichen Garten ein kongeniales Duo: die gartenbegeisterte Hausherrin Mildred Bliss und die amerikanische Landschaftsgärtnerin Beatrix Farrand. Das Ergebnis der jahrelangen grünen Kooperation fasziniert auch heute noch Besucher aus aller Welt. Von den Unbilden des steil abfallenden Terrains ließ man sich nicht abschrecken. Die goldene Regel lautete: Nicht das Gelände dem Plan anpassen, der Plan muss vielmehr stets auf das

Gelände zugeschnitten sein. Also wurde der Park großzügig terrassiert. Alte und neu gepflanzte Bäume bilden ein zentrales Strukturelement: Gegenüber der Orangerie steht eine mächtige Amerikanische Buche (*Fagus grandiflora*), deren Wurzeln im Frühjahr von einem Blütenteppich aus Elfen-Krokus (*Crocus tommasinianus*), Sibirischem Blaustern (*Scilla siberica*) und Sternhyazinthe (*Chionodoxa luciliae*) bedeckt sind, und in der Nähe des heutigen Eingangs erheben sich ein Fächerahorn (*Acer palmatum*) und ein breit ausladender Katsurabaum (*Cercidiphyllum japonicum*), deren Blätter sich im Herbst spektakulär färben. Aussichtspunkte und Terrassen eröffnen herrliche Blicke auf den Garten und die umgebende Landschaft. Eine schlichte Vielfalt immergrüner Pflanzen verleiht den einzelnen Gartenräumen und Blickachsen Gestalt. Das prächtige Farbenspiel der Rabatten sorgt von Frühjahr bis Herbst für Stimmungswechsel. *Quod severis metes* – »Was du säst, das wirst du ernten«, hieß der passende Leitspruch der Familie Bliss.

Die zahlreichen Wege sind nicht mit dem Zollstock, sondern nach Augenmaß gezogen. Anheimelnde Laubengänge und elegante Treppen verbinden die einzelnen, deutlich voneinander geschiedenen Bereiche. Streng gestaltete Segmente wechseln mit naturnahen, nicht symmetrisch gegliederten Flächen: Man wandelt durch den von Mildred Bliss über alles geliebten Rosengarten mit annähernd 1000 Pflanzen und steigt über viele Stufen zur Ellipse herab, die aus einer doppelten Reihe von Hainbuchen geformt ist und in deren Mitte ein provenzalischer Brunnen steht. Von hier aus blickt man auf die mit Forsythien, Kirsch- und Apfelbäumen bepflanzten Hügel. Auch die Orangerie (mit einer noch vor dem amerikanischen Bürgerkrieg gepflanzten Kletterfeige [*Ficus pumila*]) und ein kleines verstecktes Amphitheater sind Reminiszenzen an die europäische Gartenarchitektur.

Schon Farrands Lehrerin Gertrude Jekyll wusste, dass sich ein Garten vor dem Haus verneigen soll. In der Tat fügt sich der Park harmonisch zu der herrschaftlichen Villa von Dumbarton Oaks, die heute exquisite Sammlungen frühchristlicher und präkolumbianischer Kunst beherbergt und über eine wunderbare Bibliothek mit Gartenliteratur verfügt. Doch trotz seiner Größe vermittelt der Garten das Gefühl der Vertrautheit. Nicht nur der Lover's Lane Pool, in dem sich ein mächtiger Silberahorn (*Acer saccharinum*) spiegelt, hat manchen Besucher verzaubert. Dieser Garten ist, wie seine Schöpferin zu Recht feststellte, »the best and most deeply felt of a 50-year career«. Wer immer in Washington ist, sollte sich die Zeit zu einem längeren Abstecher nach Dumbarton Oaks in Georgetown nehmen. Und die Eindrücke des Tages vertiefen sich am Abend, wenn man zu Strawinskys *Concerto in Es* in Beatrix Farrands *Plant Book for Dumbarton Oaks* blättert.

Ein Gelehrtenparadies:
Max Webers Garten in Heidelberg

D as schöne Leben begann im Frühjahr 1910. Damals zogen die
Webers zusammen mit dem Ehepaar Troeltsch in die reno-
vierte Villa Fallenstein, die malerisch an der Ziegelhäuser Land-
straße in Heidelberg gelegen war und in der Max Webers Mutter
Helene einst ihre Jugend verbracht hatte. Im Vorgarten standen
mächtige Götterbäume (*Ailanthus altissima*), die ihr Vater, Georg
Friedrich Fallenstein, noch gepflanzt hatte. Mit ihren formvoll-
endeten Kronen, den großen gefiederten Blättern und den prächtigen Fruchtbüscheln verzauberten sie jeden Betrachter. Und im
Frühling öffnete ein Magnolienbaum seine Blütenkelche.

Hinter dem Haus ragten Trompetenbäume (*Catalpa bignonioides*)
empor, die im Sommer »mit grünsamtenen Schirmblättern und
duftendem weißen Blütenschaum« geschmückt waren, wie Marianne Weber in der Biographie ihres Mannes festgehalten hat. Vor
einem alten Buchsbaum (*Buxus sempervirens*), der zu einem knor-
rigen Gebüsch herangewachsen war, stand ein Opferstein nach
antikem Vorbild, auf dem eine horazische Ode die Erinnerung an
frühere Bewohner bewahrte.

Vom Frühling kündeten im Garten Schneeglöckchen und Tulpen. Zugleich wartete das zarte Grün, das die Ruine des Schlosses auf der anderen Flussseite umgab, auf die Wärme des neuen
Jahres, damit die Knospen explodieren konnten. Diese berühmte
Kulisse ließ sich auf der nach Süden gerichteten Terrasse genießen.

Am Berghang hinter der Villa leuchteten Obstbäume und Flieder-
büsche.

Marianne Weber und ihre Schwiegermutter Helene nahmen
Besitz von diesem Stück Land. Gemeinsam setzten sie Primeln
und Gänseblümchen unter das Gebüsch; und sie teilten das Leid,
wenn der Spätfrost der berauschenden Blütenpracht ein jähes
Ende setzte. Helene hatte es besonders eine aus dem Berg heraus-
geschlagene Grotte angetan, die von Efeu behangen war. Aus dem
»Löwenbrunnen« trank sie bei jedem Abschied, um sicher zu sein,
wieder an ihren geliebten Ort zurückzukehren. Auch mit Spaten
und Grabgabel konnten beide Frauen umgehen. Einen »Acker«
legten sie an, auf dem Erbsen und Bohnen gediehen. Auf dem Balkon sorgten sie mit roten Geranien und violetten Petunien für aus-
dauernde Blütenpracht.

Und Max Weber? Der war immer schnell erschöpft, »bastelte«
nur mittags ein wenig im Garten und verträumte ansonsten dort
die langen Sommerabende. Einzig einer Rosenlaube schenkte er
so intensiv seine Aufmerksamkeit, dass seine Frau schon befürchtete, er werde die Rose »ganz zusammenschnipseln«, um dann mit
Erleichterung wahrzunehmen, dass Teufelszwirn (*Cuscuta*) und
andere Kletterpflanzen immer neue Ranken austrieben, die weg-
geschnitten oder angebunden werden mussten. Ein willkomme-
ner Gast war bei der gärtnerischen Zurückhaltung des Hausherrn
der junge Psychiater Hans Walter Gruhle, der ohne sich anzumel-
den im Garten arbeitete und die Frauen unterstützte.

Der Villenpark in Heidelberg entsprach durchaus den zeittypi-
schen Vorstellungen bürgerlicher Repräsentation. Marianne Weber hat ihn als Idylle beschrieben und für die Nachwelt verewigt.
Hier fanden Formen des architektonischen und des Landschaftsgartens zusammen; die einzelnen Räume eröffneten den Bewohnern, vor allen den Frauen, die Möglichkeit individueller Gestaltung. Zu den geschätzten Gehölzen zählten auch invasive Exoten,
die grünen Gesinnungsethikern heute die Zornesröte ins Gesicht

treiben. So wird der Mitte des 18. Jahrhunderts von Ostasien nach Europa importierte Götterbaum (*Ailanthus altissima*) aus der Familie der Bittereschengewächse (*Simaroubaceae*) inzwischen zu den hundert übelsten Neophyten gezählt. Er trotzt Hitze, Trockenheit, Umweltgiften und Verletzungen und verdrängt seine Konkurrenten gnadenlos. Effizient ist er nur mit Chemie zu bekämpfen.

Doch die »chinesischen Eschen« erfreuten die Webers und ihre Gäste ebenso wie die übrige florale Pracht des weitläufigen, etwa 3000 m² großen Parks. Besuch kam täglich, meist schon am Nachmittag, weil Max Weber sich früh am Abend zurückzog. Mit dem Frühlingserwachen wurde der Garten zum Ort bildungsbürgerlicher Geselligkeit und intellektuellen Austausches. Ohne die großartige Inszenierung der Natur, die künstlerische Ausgestaltung des Gartens und die intentionale Erinnerung an seine soziale Funktion wäre der spätere Mythos um den legendären Sonntagskreis nicht denkbar. Wie Epikur zu Beginn des dritten vorchristlichen Jahrhunderts seine Anhänger in dem athenischen Kepos versammelt hatte, so trafen sich zu Beginn des 20. Jahrhunderts junge Wissenschaftler und arrivierte Gelehrte im Garten der Villa Fallenstein. Dort saßen Eberhard Gothein und Friedrich Gundolf, Emil Lask und Georg Lukács, Gustav Radbruch und Heinrich Rickert, Arthur Salz und Georg Simmel auf Plaids oder ambulierten durch den Weinlaubengang. Später erholte man sich am Löwenbrunnen und lauschte Gedichten. Eigentlich zu schön, um wahr zu sein.

Präsidiales Habitat:
Der Rosengarten des Weißen Hauses

Die politische Spaltung der Vereinigten Staaten erreichte im Jahr 2020 den berühmtesten Rosengarten der Welt. Eine an die First Lady Jill Biden und den Second Gentleman Douglas Emhoff gerichtete Petition verlangte kategorisch, Jackie Kennedy's Rose Garden vor dem Oval Office, dem Büro des amerikanischen Präsidenten, wiederherzustellen. Abertausende Unterzeichner unterstützten diesen Vorstoß, der die neue Gartenanlage, für die Melania Trump verantwortlich gemacht wurde, als Ergebnis narzisstischer Selbstreferentialität ablehnte.

Der etwa 7 ha große Park um das Weiße Haus hat im 20. Jahrhundert zahlreiche Veränderungen erfahren. Vor allem der Garten vor dem mächtigen Westflügel, in dem sich das Oval Office befindet, ist zu einem integralen Bestandteil politischer Repräsentation geworden. Dessen Gestaltung wird bis heute mit einzelnen Präsidentengattinnen assoziiert: Edith Roosevelt ließ 1902 Pferdestallungen und Gewächshäuser niederlegen, um einen bodenständigen Garten im Kolonialstil zu errichten; diesen verwandelte Ellen Wilson gut zehn Jahre später in einen blühenden Rosengarten. Seine heutige Bekanntheit erlangte jener Teil des Weißen Hauses durch die Neugestaltung aus dem Jahre 1962, die jetzt Jackie Kennedy zugeschrieben wird, für die jedoch die Landschaftsarchitektin Rachel »Bunny« Lambert Mellon Vorlieben von John F. Kennedy umsetzte. Hier wurde eine perfekte Bühne geschaffen, auf der sich auch die folgenden Präsidenten vor einem weltweiten Publikum medial inszenieren konnten. So kam es vor blühender Kulisse 1993 durch die Vermittlung von Bill Clinton zu dem historischen Handschlag zwischen Israels Ministerpräsident Yitzhak Rabin und dem Palästinenserführer Yassir Arafat.

In den letzten 60 Jahren hat dieser Rosengarten mit seinen buntfarbigen Rabatten, dem sattem Grün und zehn aufragenden Zierapfelbäumen einen festen Platz im kulturellen Gedächtnis Amerikas und wohl auch der ganzen Welt gefunden. Doch dann zogen die Trumps ein. Alles wurde in Frage gestellt, auch der Rose Garden. Im Sommer 2020 präsentierte Melania Trump den neu gestalteten Garten der Presse. Die Zieräpfel waren verschwunden, Rosensträucher in verschiedenen Weißtönen hatten den Raum erobert, und Wege aus hellem Stein begrenzten den Rasen. Nur der exakt geschnittene Buchs schien noch an Mellons einstigen Entwurf zu erinnern.

Der Aufschrei war laut. Wo waren die herrlich blühenden, saisonalen Pflanzen, wo waren vor allem die alten Rosen geblieben? Ein floraler Shitstorm fegte durch die sozialen Medien. Jackies Vermächtnis sei der amerikanischen Bevölkerung gestohlen worden. Auch am pastellfarbenen Gartenbeet, so hieß es, zeige sich die Kulturferne und Geschmacklosigkeit eines neureichen Clans, der sich des Weißen Hauses bemächtigt habe. Dagegen regte sich der Widerstand der Anhänger des 45. Präsidenten: Der Garten sehe nun endlich »clean and classy« aus, ordentlich und elegant. Tiefer schürfende Kommentare historisch geschulter Beobachter sahen hingegen den aufgeklärten Landschaftsgarten der Kennedys durch den autokratischen Barockgarten der Trumps ersetzt.

Die populistische Debatte schreibt das genderspezifische Klischee der gärtnernden First Lady auch im 21. Jahrhundert unkritisch fort. Wie schon Jackie Kennedy verließ sich auch Melania Trump auf Sachverständige. Die Planungen für die 2020 realisierte Umgestaltung des Rose Garden wurden von renommierten Landschaftsarchitekten begleitet, von einem vierzehnköpfigen Komitee für die Erhaltung der »White House Grounds« geprüft und zusätzlich von zehn auswärtigen Experten begutachtet. Offenbar einigte sich dieser Kreis darauf, dass der Blick auf die imposanten weißen Säulen der Westkolonnade nicht mehr durch Apfelbäume verstellt werden sollte. Die neue Bepflanzung betont das strenge Weiß des Gebäudes, statt es wie zuvor zu relativieren. Über die Entscheidung, die Bäume durch Strauchrosen zu ersetzen, lässt sich trefflich streiten, sie ist aber kein Ausweis architektonischer Ignoranz – und erst recht nicht allein von der Präsidentengattin zu verantworten. Darüber hinaus dürfte der behindertengerechte Ausbau des Gartenweges, der im Übrigen eine Idee aus den 1950er Jahren aufgreift, ebenso wenig auf Kritik stoßen wie die Vorgabe, lange Elektrokabel und endlose Versorgungsleitungen unter den Platten verschwinden zu lassen.

Gleichwohl propagierte die Initiative in Zeiten raschen Wandels und politischer Konvulsion die hortikulturelle *restitutio in integrum*, die Wiederherstellung eines gärtnerischen Paradieses, das erst durch Trumps Präsidentschaft zerstört worden sei. Dabei ist der Rosengarten, wie er in der Petition beschworen wurde, eine naive Projektion. Das Areal ist über die Jahrzehnte hinweg immer wieder verändert worden. Gärtner haben die Zieräpfel wie die Buchsbaumhecken bereits mehrfach ausgetauscht, und den vermeintlich alten Strauchrosen erging es nicht besser. Aus den 1960er Jahren überlebten nur die herrlichen Tulpenmagnolien und der immergrüne Osmanthus. Allein schon aus botanischen Gründen sind Gärten einem steten Wandel unterworfen; jeder Versuch, sie als zeitlose Kunst zu musealisieren, muss *a priori* scheitern. Ein Garten lebt, wenn er die jeweilige Zeit mit all ihren Brüchen und Vorlieben, ihren Gegensätzen und Paradoxien spiegelt. Er ist hingegen tot, wenn er weder Zustimmung noch Ablehnung erfährt.

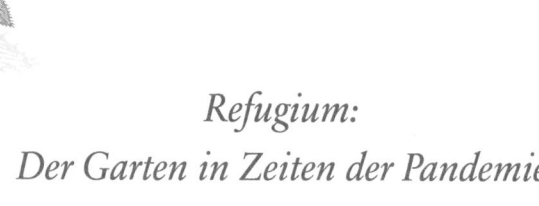

Refugium:
Der Garten in Zeiten der Pandemie

Der Landsitz lag auf einem kleinen Hügel, noch in Stadtnähe, aber doch abseits. Auf dem Gipfel der Anhöhe erhob sich ein prächtiger Palast mit Säulengängen, Sälen und Zimmern, die mit Blumen üppig ausgeschmückt waren. Ihn umgaben herrliche Gärten mit Bäumen und Sträuchern, allesamt grünbelaubt. Brunnen spendeten unablässig kühles Wasser. Eine fröhliche Gesellschaft aus sieben jungen Frauen und drei jungen Männern war hierhergekommen, um vor dem um sich greifenden Leid und dem allgegenwärtigen Tod in der Stadt zu fliehen und um vergnügt miteinander zu leben. Um sich die Zeit zu vertreiben, erzählten sie sich Geschichten, zehn an einem Tag. Nach zehn Tagen waren es einhundert. Dazwischen lustwandelten sie durch die Gärten, schritten am Morgen durch das vom Tau benetzte Gras, wanden später schöne Lorbeerkränze, setzten sich am Nachmittag auf einer Wiese zusammen und erquickten sich am frischen Quell. Geflohen war die Gruppe aus Florenz, das 1348 vom Schwarzen Tod heimgesucht wurde. Boccaccio hat sie in seinem *Dekameron* erschaffen.

Der Rückzug dieser gebildeten Florentiner Elite, des *popolo grasso*, ist längst Vergangenheit. Aber die Villa mit Park oder das Stadthaus mit Garten sind in Zeiten der COVID 19-Pandemie als privilegierte Orte des individuellen Schutzes und des kollektiven Austausches wieder deutlicher in das Bewusstsein der Gesellschaft getreten. Die Renaissance des grünen Refugiums mitten in der

Krise wirft indes Fragen auf, die auch den Dichter des Trecento beschäftigten: Wie lässt sich im umhegten Raum die Einsamkeit ertragen und der Alltag gestalten, wie das Miteinander organisieren und das intellektuelle Leben strukturieren? Freut man sich an der eigenen Sicherheit oder quält einen die Sorge um den Nächsten? Auch wenn dank digitaler Medien der Kontakt zur Aussenwelt heute wesentlich einfacher aufrechterhalten werden kann, bleibt die Beziehung zu denen, die jenseits der schützenden Mauern der Gefahr ausgesetzt sind, eine permanente Herausforderung. Wie verhalten wir uns im Spannungsfeld von anthropologisch notwendiger Soziabilität und epidemiologisch gebotener Segregation?

Antworten auf diese drängenden Fragen suchten Stipendiatinnen und Stipendiaten zu geben, die sich im akademischen Jahr 2019/20 am Schweizer Institut in Rom aufhielten. Sechs junge Künstler und sechs Nachwuchswissenschaftler verbringen jedes Jahr zehn Monate in der Ewigen Stadt, um ihre Projekte zu realisieren. Während des Aufenthaltes residieren sie in der Villa Maraini auf dem Pincio. Das herrliche Gebäude mit einem über 5000 Quadratmeter grossen Park ist der Eidgenossenschaft 1946 von der kinderlosen Witwe eines erfolgreichen Tessiner Industriellen mit der Auflage geschenkt worden, die kulturellen und wissenschaftlichen Beziehungen zwischen der Schweiz und Italien zu fördern. Konferenzen und Konzerte, Ausstellungen und Workshops verwandeln das Institut seither in einen einzigartigen Ort der internationalen Begegnung, und die Stipendiaten laden die weite Welt in die Villa ein.

Der Lockdown im Frühjahr des Jahres 2020 hat alle Aktivitäten abrupt gestoppt. Das schwere Tor an der Via Ludovisi blieb geschlossen. Die Mitarbeiter und Stipendiaten nahmen Haus und Garten plötzlich anders wahr. Boccaccios *Dekameron* schien ganz nahe. Im Rom des 21. Jahrhunderts gab es einen geschützten Zufluchtsort inmitten der durch die globale Seuche erschütterten Stadt. Der sonst nur als schöne Arabeske empfundene Park, in dem sich schlanke Palmen majestätisch in den Himmel erheben und mächtige Rosmarinbüsche ihren intensiven Duft verbreiten, wurde zum Inbegriff körperlicher und geistiger Bewegungsfreiheit. Jetzt verabredete man sich nicht mehr an der Fontana di Trevi, sondern an dem leise plätschernden Brunnen auf dem eigenen Terrain.

Das Virus veränderte die multidisziplinäre Gemeinschaft von einem Tag auf den anderen. Die Eindeutigkeit des bisherigen Tagesablaufes wurde durch die Allgegenwart der Pandemie in Frage gestellt. Die Offenheit zur Welt, die der Stiftungsauftrag kategorisch fordert, war nicht mehr zu realisieren. In diesem Moment zogen sich aber die Stipendiaten, die in Rom geblieben waren, ganz im Gegensatz zur *nobile brigata* aus Florenz nicht in die *vita oziosa*, in den elitären Müssiggang zurück. Sie nutzten die Inspiration durch den geschlossenen und geschützten Raum für ein kooperatives Projekt, das Künstler und Wissenschaftler im produktiven Umgang mit der Krise zusammenführte. Doch von Boccaccio konnten sie lernen, dass der permanent gefährdete menschliche Zusammenhalt durch das Gespräch ständig neu gestiftet werden muss.

Entstanden ist ein Buch, das unter dem treffenden Titel *Orto* der Öffentlichkeit übergeben wurde: Die Autorinnen und Autoren nehmen die Leser mit auf eine eindrucksvolle Reise in die Gärten ihres Wissens und ihrer Imagination. Der Titel erinnert an ein wesentliches Charakteristikum der italienischen Gartenanlagen: die private Abgeschlossenheit. Diese Gärten versammeln nur wenige Glückliche, die Zutritt haben, und grenzen alle anderen aus. Einzelne Beiträge thematisieren diese Spannung von In- und Exklusion: Hier wird in historischer Perspektive der herrschaftliche Charakter des frühneuzeitlichen Parks beschrieben, dort der befreiende, transzendierende Aspekt atmosphärischer Landschaften. »Orto« bezeichnet aber im Italienischen auch den Gemüsegarten, dessen Pflege bekanntlich Mühe und Arbeit kostet und in dem sich gärtnerischer Erfolg nicht von selbst einstellt.

Die bibliophile Pracht des Bandes und die thematische Vielfalt der Beiträge sollten allerdings das wichtigste Ziel des Projektes nicht in den Hintergrund treten lassen: Die produktive Reflexion über den Garten ist eine gemeinschaftliche Auseinandersetzung mit der existentiellen Erfahrung des Lockdowns. Persönlicher Rückzug und intellektueller Eskapismus wären die falschen Antworten. Denn die Bedrohungen der plötzlich aus China über uns gekommenen Pandemie sind nur gemeinsam zu meistern. Der Mensch als soziales Wesen kann nicht auf Geselligkeit verzichten. Also müssen alle Mittel genutzt werden, um kreativ Grenzen zu überbrücken und Distanzen zu überwinden, denn sonst droht selbst mitten in einem paradiesischen Ambiente die Vereinsamung. Das experimentelle Miteinander darf durchaus spielerisch sein, Freude bereiten, glücklich machen – ganz wie die Arbeit im Garten.

Dritter Teil

IN DER GESCHICHTE

Der Garten in der Geschichtsschreibung: Ein Versuch

Es war Jacob Burckhardt, der in seinem *Cicerone* aus dem Jahr 1855 den italienischen Gartenstil entdeckte. In seiner *Anleitung zum Genuss der Kunstwerke Italiens* bezeichnete der Basler Gelehrte, der als Historiker und als Kunsthistoriker hervortrat, die Gärten als »wesentliche Ergänzung zur modernen Architektur«. Obwohl er nur über »mangelhafte Kenntnis des Gegenstandes« verfügt haben will, beschrieb Burckhardt italienische Villen und ihre Gärten eingehend. Er erkannte in der Geschichte der Gärten kein autonomes Forschungsfeld, sondern einen integralen Bestandteil der Kunst- und Architekturgeschichte.

Gilt dies immer noch? Wie schreibt man eine Geschichte der Gärten und der Gartenkunst heute? Um diese Frage zu beantworten, sollte man zunächst einen Blick in die zweibändige *Geschichte der Gartenkunst* werfen, die Marie Luise Gothein, eine Verehrerin Stefan Georges, 1914 bei Diederichs in Jena veröffentlichte. Das Werk der Heidelberger Professorengattin ist noch immer lesenswert, weil es auf höchst anregende Weise Garten- und Kulturgeschichte miteinander verbindet. Denn über die Geschichte der Gartenkunst kann nur profund handeln, wer etwas von Literatur und Kunst, Philosophie und Wissenschaft derjenigen Epochen versteht, die Gegenstand garten(-kunst-)historischer Betrachtung sind. Marie Luise Gothein, die wissenschaftliche Autodidaktin, verfügte über diesen weiten Horizont und hat damit Maßstäbe gesetzt. Ihr Buch ist ein Meisterwerk. Treffend formulierte damals Theodor Heuss, der spätere deutsche Bundespräsident, in einer Besprechung im Berliner Tageblatt, »der Weg durch die Geschichte des Gartens« werde »zu einer Wanderung durch den Garten der Geschichte.«

Die Geschichtsschreibung ist nicht bei Gothein stehengeblieben. Dieter Hennebo hat nach dem Zweiten Weltkrieg die Gartengeschichte – und die Gartendenkmalpflege – in Deutschland auf eine neue Grundlage gestellt. Der langjährige Professor für Gartenkunstgeschichte an der Universität Hannover hat zwischen 1962 und 1965 gemeinsam mit Alfred Hoffmann eine dreibändige *Geschichte der deutschen Gartenkunst* vorgelegt. Das monumentale Opus wurde ebenso zum Klassiker wie das von ihm herausgegebene Handbuch zur Gartendenkmalpflege von 1985. Die Bewahrung historischer Parkanlagen und Gärten war Hennebo nicht nur eine wissenschaftliche Verpflichtung, sondern auch ein persönliches Anliegen. Allerdings hat er die nationale Perspektive in der Betrachtung der Gartengeschichte fortgeschrieben, die patriotische Autoren seit Mitte des 18. Jahrhunderts in Deutschland beschworen, um das deutsche Genie gegen einen französisch bestimmten Gartenstil in Stellung zu bringen und deutsche Größe in Rabatten und Parterren aufzuspüren.

Die neuere Forschung betont hingegen den internationalen Kulturtransfer in der Gartenkunst seit der Frühen Neuzeit, für den sowohl die absolutistischen Höfe als auch das städtische Patriziat verantwortlich waren. Gärten und Parks als Orte bürgerlicher Öffentlichkeit haben seit dem ausgehenden 18. Jahrhundert zu zahlreichen Mischformen geführt, die unterstreichen, dass auch Gartenkunst und Gartenkultur keine statischen Größen, sondern hybride Erscheinungen sind, auf die vielfältige Aneignungs- und Übertragungsvorgänge einwirken und die ständiger Veränderung ausgesetzt sind. Eine kulturwissenschaftlich sensibilisierte Geschichte der Gartenkunst muss daher Modelle neuzeitlicher Kanonbildung dekonstruieren und die augenscheinliche Linearität der stilgeschichtlichen Entwicklung relativieren.

Viele Darstellungen neigen jedoch nach wie vor zu historischen Simplifikationen und historiographischen Konstruktionen. Im italienischen, französischen, niederländischen und englischen Garten werden nationale Stile identifiziert, und die Epochen der Gartenkunst sind eindeutig festgelegt. Die Geschichte der europäischen Gärten setzt in den einschlägigen Darstellungen meist mit dem mittelalterlichen *hortus conclusus* ein. Dann machen sich die Autoren auf die Suche nach dem Menschen im Garten der Renaissance, beschreiben den Barockgarten als *theatrum mundi* und fahnden in den Gärten der Aufklärung nach dem freien Bürger. Der Spaziergang, der in der spirituellen Welt des europäischen Mittelalters seinen Ausgang nahm, endet meist im englischen Landschaftspark. Auf gut befestigten Wegen wird durch altbekanntes Terrain geführt.

Dabei sollte mit Jacob Burckhardt das Augenmerk auf Brüche, Ambivalenzen und Aporien gerichtet sein – und es sollten vermeintliche Gewissheiten infrage gestellt werden. Stimmt die dichotome Stereotypisierung von Barock- und Landschaftsgarten noch: hier Versailles, wo man die Despotie des Ancien Régime geometrisch in Buchs geformt habe, dort Stourhead, wo mit Hilfe der Natur der Sieg von Freiheit und Gleichheit verkündet worden sei? Oder spiegelt die unendliche Formenvielfalt des barocken Gartens nicht die ebenfalls unendlichen Entfaltungsmöglichkeiten des Individuums? Repräsentiert der barocke Garten also nicht Zwang, sondern Freiheit und antizipiert den emanzipatorischen Anspruch des Landschaftsgartens?

Wichtig ist die historische Tiefenschärfe. So muss die Gartenkunst der klassischen Antike als eigenständiges Thema behandelt und gleichzeitig als neuzeitliches Rezeptionsphänomen beschrieben werden, denn die europäischen Gärten haben sich seit dem Humanismus und der Renaissance in produktiver Weise auf das antike Erbe bezogen. Bei der Untersuchung der vielschichtigen Aneignungsprozesse sollte nicht von einer statischen Übernahme der Vorbilder aus dem griechischen und römischen Altertum ausgegangen, sondern vielmehr das dynamische Konzept der Transformation angewandt werden, das von wechselseitigen Wirkungen ausgeht. Zum einen entsteht die Antike in den uns greifbaren, mannigfaltigen Zeugnissen und Gegenständen der Rezeption immer wieder neu und auf unterschiedliche Art, wird verändert und verändert sich, wird uneinheitlicher, differenzierter und bunter. Zum anderen aber konstituieren und konstruieren sich die Gesellschaften durch ihren jeweiligen Rückgriff auf die antike Vergangenheit auch selbst.

Die Geschichte der Gärten und der Gartenkunst lässt sich allerdings nur schwer in einen traditionell strukturierten Wissenschaftsbetrieb integrieren. Verschiedene Fächer widmen sich dem Gegenstand und rufen interdisziplinäre Kooperationen auf den Plan. Aber die universitäre Existenz ist prekär, und die Gegenstände dieser Disziplin sind nicht minder gefährdet. Denn trotz erfolgreicher Bemühungen um den Gartenerhalt und eines deutlich gestiegenen öffentlichen Interesses sind viele Gärten und Parks in Gefahr. Schlossnächte und Kaffeefahrten, Social-Media-Auftritte und professionelle Websites reichen nicht aus, um bedrohte Anlagen vor dem Untergang zu schützen. Politik und Gesellschaft müssen die historischen Gärten als wichtigen Teil des kulturellen und ökologischen Lebensraums bewahren und die materiellen Voraussetzungen zur wissenschaftlichen Erforschung dieses großen Erbes garantieren.

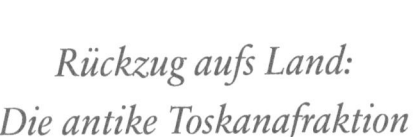

Rückzug aufs Land:
Die antike Toskanafraktion

Gaius Plinius Secundus war ungehalten, machte doch sein Freund Bruttius Praesens keine Anstalten, von seinen Landsitzen in Lukanien und Kampanien nach Rom zurückzukehren. Es war unerhört. In der Stadt harrten politische Geschäfte und gesellschaftliche Verpflichtungen seiner, er aber zog es vor, auf seiner Villa den Herrscher zu spielen, den Tagesanbruch zu verschlafen, Freizeitkleidung zu tragen und seine Steckenpferde zu reiten.

Bruttius war kein Einzelfall. Seit der Zeit der späten Republik besaß jeder römische Senator, der etwas auf sich hielt, mindestens ein luxuriöses Anwesen außerhalb Roms, auf das er sich nach dem anstrengenden politischen Tagesgeschäft zurückziehen konnte. Obwohl die Senatoren eigentlich Residenzpflicht in Rom hatten, liebten sie es, zu einem langen Wochenende aus der geschäftigen Metropole zu entfliehen. Während der Parlamentsferien zunächst im April und Anfang Mai und später im September und Oktober war ein Aufenthalt auf den verschiedenen Residenzen obligatorisch. Manche verweilten nur wenige Tage in einer Villa und fuhren dann zur nächsten, andere blieben mehrere Wochen an einem Ort.

Die senatorische Leistungsethik, die auf den identitätsstiftenden und statuskonstituierenden Dienst für die *res publica* fokussiert war, schuf sich in der ländlichen Villa einen Ort, der frei war von politischem Engagement und forensischer Aktivität. Propagiert wurde die Ideologie eines senatorischen Lebens, das zwischen dem politisch aktiven Leben (*negotium*) in Rom und dem Rückzug aus der täglichen Geschäftigkeit (*otium*) in der italischen Villa oszillierte. Die römische Oberschicht lieferte sich einen immobiliären Konkurrenzkampf, wetteiferte um Lage, Größe, Preis und Gestaltung, weil die demonstrativ aufwändige Lebensführung in der Villa unmittelbarer Ausdruck des politischen Ranges und des sozialen Ansehens war.

Während das Stadthaus nicht beliebig vergrößert werden konnte, musste man sich vor den Toren Roms keine Beschränkungen auferlegen. Riesiger Landbesitz wurde arrondiert und nach dem Geschmack des Besitzers gestaltet. Grundstücke von mehreren Hundert Hektar waren keine Seltenheit. Jeder erdenkliche Komfort wurde geboten: Speisesäle, Bibliotheken, Pinakotheken, Aufenthalts- und Empfangsräume, Wandelgänge, beheizte Bäder und Ziergärten. Die größten Villen besaßen sogar einen kühlen Sommer- und einen beheizten Wintertrakt. Besonders geschätzt waren die Küstengebiete von Kampanien und Latium. Dort konnte man sich beim Abendessen auf der Terrasse herrlicher Sonnenuntergänge erfreuen und vom Triklinium aus das Meerespanorama genießen.

Selbstverständlich gehörten auch Gartenanlagen zu einer solchen Villa, die der grandiosen Inszenierung der Natur dienten. Ein strenges axiales System von Wegen, Portiken, Laubengängen und Wasserläufen erschloss jeden Winkel. Neben modischen Zierpflanzen fanden sich alte Obstbäume und naturbelassene Wiesen. Kirschen, Birnen, Feigen, Pflaumen und Granatäpfel wurden geerntet. Zum Idealbild des Parks gehörte auch die Illusion überbordender Fruchtbarkeit. Blumenpflanzungen waren selten, aber blühende Sträucher wurden in vielfacher Weise verwendet. Besonders beliebt war der Buchsbaum, der zu Tiergestalten, Jagdszenen und Schlachtdarstellungen zurechtgestutzt wurde, aus dem aber auch Buchstaben modelliert werden konnten, die entweder den

Namen des Landschaftsarchitekten oder den des Besitzers abbildeten. Hinzu kamen Vogelhäuser, Wildgehege und Fischbassins. Die ursprüngliche Natur wurde hier durch die gestalterische Kraft des Menschen organisiert und kontrolliert, sie wurde Teil eines komplexen künstlerischen Arrangements, das auf Abwechslung und Ordnung ausgerichtet war. Die uns geläufige und vielfach besungene Unmittelbarkeit des Naturempfindens war dem römischen Villenbesitzer fremd; das natürliche Ambiente, die Landschaft mithin, wurde stets mittelbar von einer exponierten Terrasse, einer erhöhten Plattform, durch die Fenster und Türen eines Speisesaals oder durch die Säulen einer Portikus wahrgenommen.

Auf dem Land inszenierten die Villenbesitzer nicht nur die Natur, sondern auch sich selbst. *Quousque regnabis?*, »Wie lange willst du noch Herrscher spielen?«, fragt der jüngere Plinius den Bruttius Praesens. Größe und Ausstattung der Landhäuser spiegelten die ökonomische Potenz und den sozialen Status der Besitzer wider. In einer Zeit tiefer politischer Frustration und mangelnder politischer Partizipation zogen es viele römische Adelige der späten Republik und der frühen Kaiserzeit vor, sich in ihre Villen zurückzuziehen. Dort genossen sie nicht nur die inspirierende Stille eines beschaulichen Landlebens, sondern lebten als ihr eigener Herr. Die ländlichen Refugien hatten aber nicht nur eine ästhetische Funktion. Sie kompensierten die fehlenden politischen Interaktionsmöglichkeiten in Rom, wo in der späten Republik immer weniger Aristokraten Politik machten und in der Kaiserzeit die Staatsgeschäfte vom Herrscher und seiner Entourage monopolisiert wurden. Der sukzessive Rückzug der politischen Klasse aus der Verantwortung für das Gemeinwesen begünstigte die Ausbreitung luxuriöser Ferienresidenzen, in denen man sich unbeschwert von dem Tagesgeschäft der Gestaltung seiner Freiräume hingeben konnte.

Die Entdeckung des Hochbeets:
Frühe Hochkulturen

Seit der Millenniumswende gibt es ein neues Lifestyleprodukt der Gartenindustrie: das Hochbeet. Diese Beete sind indes keine Erfindung der Postmoderne, sondern sie wurden schon von den frühen Hochkulturen angelegt. Azteken und Maya errichteten Hochbeete in flachen Seen und Sumpfgebieten; zur Befüllung der künstlichen Inseln verwendeten sie fruchtbaren Schlamm. Die Azteken nannten sie »Chinampas«, was »Zaun aus Rohrschilf« bedeutet und auf die Konstruktion durch Flechtwerk verweist, die durch eine dauerhafte Randbepflanzung mit Weidesträuchern und Wasserpflanzen verstärkt wurde. Heute sind die »Schwimmenden Gärten« von Xochimilco eine Touristenattraktion in Mexico City; sie erinnern immer noch an diese höchst effiziente Form des Anbaus, die die Pflanzen optimal mit Wasser und Nährstoffen versorgte und mehrere Ernten im Jahr ermöglichte. Das ausgeklügelte System intensiver Landwirtschaft garantierte die sichere Versorgung der Bevölkerung. Erst die spanischen Konquistadoren setzten dieser agrarischen Produktionsform ein Ende.

Auch in Europa zeigte man sich erfinderisch, um Nutzpflanzen bei schwierigen Bodenverhältnissen in Hochbeeten zu kultivieren. Erhöhte Beete wurden mit Natursteinen, Flechtwerk und Eichenplanken eingefasst, aber auch mit Ziegeln, Bleiplatten und Kieferknochen. Ziel war es, den Ertrag zu steigern. Kombinationen von Stark- und Schwachzehrern wurden erprobt und unterschiedliche

Fruchtfolgen getestet. Wurzel-, Frucht- und Blattgemüse, Kohl-gewächse und Hülsenfrüchte fanden ihren idealen Platz im Beet.

Die Vorteile zum klassischen Beet waren – und sind – offenkun-dig. Da sich die Erde im Frühjahr rascher erwärmt und bei rich-tiger Befüllung nährstoffreicher ist, wird die Vegetationsperiode verlängert und der Ertrag verbessert. Unkräuter und Schädlinge haben es schwerer, und schließlich erleichtern die erhöhten Beete das Gärtnern, da man sich beim Pflanzen und Jäten, bei Pflege und Ernte nicht so tief bücken muss.

Für erfahrene und ambitionierte Gemüsegärtner ist das Hoch-beet folglich eine willkommene Ergänzung im Anbau, die aller-dings Erfahrung benötigt. Schon bei der Befüllung muss man dar-auf achten, dass die Versorgung mit Nährstoffen und Wärme durch den Kompostierungsprozess mehrere Jahre anhält. Zuunterst fin-den Wurzelstöcke und dickere Äste Platz, die man über längere Zeit sammeln sollte; darauf schichtet man Gehölzschnitt, Häcksel-gut, Staudenstängel und Laub. Die nächste Lage besteht aus Rasen-soden oder Stroh. Es folgen grober Kompost oder Stallmist, feiner Kompost und schließlich gesiebte Gartenerde. Legt man das Beet, wie zu empfehlen ist, im Herbst an, kann sich die Füllung über den Winter setzen. Bei der ersten Bepflanzung im Frühjahr sollte man sich aufgrund der nährstoffreichen Erde für Starkzehrer ent-scheiden.

Doch für viele Gartenbesitzer ist das Hochbeet inzwischen zur schönen Arabeske geworden. Man schaut auf das Beet, nicht mehr auf den Ertrag. Der *dernier cri* ist ein Hochbeet aus Europaletten, die überteuert an jeder Ecke angeboten werden. Aus ökologischer Sicht katastrophal sind die billigen Massenprodukte, die nicht nur Baumärkte und Gartencenter, sondern inzwischen auch Discoun-ter verkaufen. Die Konstruktionen aus Fichten- oder Kiefernholz verrotten durch mangelnden Wasserabfluss und fehlende Belüf-tung rasch, und die dünne Teichfolie, die zum vermeintlichen Schutz des Holzes angebracht ist, vermehrt den Plastikmüll. Wer gar mit Chemikalien imprägnierte Bretter zusammenzimmert, tut weder der Umwelt noch sich selbst einen Gefallen: Aus der Kiste kommt kein Biogemüse, sondern Sondermüll!

Doch auch mit hochwertigen Produkten aus Hartholz, verzinktem Stahl und vormontierter Noppenfolie ist man nicht unbedingt auf der sicheren Seite. Die zu horrenden Preisen angebotenen Modelle aus Edelstahl und tropischen Harthölzern dienen eher der sozialen Distinktion als der gärtnerischen Freude. Selbst bei dem beliebten Holz der widerstandsfähigen Sibirischen Lärche (*Larix sibirica*) muss man sich vergewärtigen, dass dieses aus russischen Urwäldern stammt, die nicht umweltgerecht genutzt werden.

Ohnehin sollte man darüber nachdenken, ob es sich wirklich lohnt, in einem kleinen Garten oder gar auf dem Balkon ein Hochbeet zu errichten. Wenn es im Garten keinen Baumschnitt gibt, kein Kompost angesetzt wird und übers Jahr vor allem Rasenschnitt anfällt, sollte man auf ein Hochbeet eher verzichten. Andernfalls macht man nur den Handel glücklich, der inzwischen in Plastiksäcken alles feil bietet, was zur einfachen Befüllung notwendig ist; bisweilen wird sogar empfohlen, zuunterst gutes Brennholz zu stapeln. Und im Frühjahr soll das Beet mit bester Blumenerde aufgefüllt werden! Das ist mitnichten nachhaltig und verschwendet wertvolle Ressourcen. Zudem geht diese Strategie ins Geld: Schon kleinere Beete schlucken rasch ein paar Kubikmeter Material. Die Befüllung wird dann teurer als der Rahmen.

Hat man einen großen Garten, kann man auch ein Hügelbeet anlegen. Die seit Urzeiten bekannte Methode der Bepflanzung hat keine permanente Einfassung, und seine abgeschrägten Ränder bieten zudem eine zusätzliche Anbaufläche. Oder man erfreut sich an einer Kräuterspirale, für die ein überschaubarer Steinhaufen genügt.

Garten und Bildung:
Chinesische Gartenkunst

Im Westen sind inzwischen nicht nur Meditationstechniken und Heilkräuter aus China gegen geistige und körperliche Gebrechen populär, sondern findet auch die chinesische Gartenkunst immer mehr Anhänger. Jedes Gartencenter, das etwas auf sich hält, bietet Bambusarten und andere fernöstliche Gehölze an. Längst sind chinesische Gärten nicht mehr nur in großen Parkanlagen, sondern auch in den schicken Wohnvierteln der Besserverdienenden zu finden.

Die eklektische Rezeption bedient sich einzelner Stilmittel und Pflanzen, um schnell wechselnde Modeströmungen zu befriedigen, ignoriert aber allzu oft historische und kulturelle Spezifika. Der chinesische Gartenstil, das wusste schon Marie Luise Gothein, ist reinster Kunststil, der sich jeder profanen Nützlichkeitsüberlegung bewusst entzieht. Er imitiert *en miniature* natürliche Begebenheiten wie Flüsse, Hügel, Schluchten, Teiche, Grotten, Brücken, Inseln und Felsen, integriert die künstlich geschaffenen Elemente zu einem harmonischen Ganzen und inszeniert im überschaubaren Mikrokosmos die Ordnung der Welt.

Sozialgeschichtlich gesehen ist der chinesische Garten keineswegs nur eine Erfindung der mächtigen Kaiser, denen seit dem Altertum prächtige Parks zur herrscherlichen Selbstdarstellung dienten; spätestens seit dem ausgehenden 10. Jahrhundert erfasste die Begeisterung für Gärten die gebildeten Beamten, die gemäß den Vorgaben des Konfuzius loyal dem Kaiser folgten und über Macht, Geld und Ansehen verfügten. Politische Wechselfälle und herrschaftliche Launen bedrohten allerdings die Karriere zahlloser Staatsdiener, über deren Anstellung in der kaiserlichen Verwaltung eine Reihe schwieriger Examina entschied. Während der Ming-Dynastie (1368–1644) endete eine öffentliche Laufbahn oft nach weniger als acht Jahren. Die erfolgreichen Beamten zogen es daher vor, schon in jungen Jahren zu demissionieren, um zu schreiben und zu unterrichten, um eine chronische Krankheit zu pflegen oder aber um einen Garten zu kultivieren.

Der erste uns bekannte Frühpensionär lebte indes bereits im 4. Jahrhundert nach Christus: Der Dichter Tao Yuanming, auch Meister von den fünf Weiden genannt, legte angesichts der allgegenwärtigen Korruption sein Hofamt nieder und zog sich in sein Landhaus zurückzog, um in Gedichten die Schönheit seiner Chrysanthemen zu besingen. Unzählige Würdenträger folgten später seinem Beispiel. Manche wählten einen bescheidenen Zufluchtsort, andere errichteten sich riesige Villen.

Im Laufe der Jahrhunderte bildeten Dichtung, Malerei und Gartenkunst eine untrennbare Einheit. Die *wenren*, die chinesischen *hommes de lettres*, gaben ein Vermögen aus, um in ihren Gärten berühmte Landschaften des Reiches nachzubilden, komplizierte Wasserläufe mit Seen, Kaskaden und Brücken anzulegen, künstliche Hügel aufzuschütten und prächtige Pavillons zu errichten, von denen aus man den Garten in der Beleuchtung der verschiedenen Tageszeiten genießen konnte. Hier traf sich der Hausherr mit seinen Freunden, um gemeinsam zu trinken und Verse zu machen. Ziel dieser Gartenarchitektur war es, einen Ort elitärer Muße zu schaffen, in dem der Besitzer sich seinen künstlerischen Neigungen hingeben und mit Gleichgestellten kommunizieren konnte.

Das luxuriöse Ambiente musste sich aber durch zurückhaltende Eleganz auszeichnen, allzu weltliches Gepränge war verpönt. Materieller Besitz allein galt als vulgär, er war für kulturelle Zwecke zu verwenden, für Poesie, für Malerei, für Gartendesign. Undenkbar war es für einen gebildeten und begüterten Chinesen, seinen Garten nur auf äußere Wirkung hin zu gestalten. Wenn sich die Tore des Hauses schlossen, blieb die geschäftige und lärmende Welt draußen. Drinnen musste die Gestaltung des Raumes mit der imaginären Kraft der Poesie und der philosophischen Erkenntnis der Welt verschmelzen. Die Gärten Chinas spiegeln die Einsicht, dass nur der Mensch, der mit sich und dem Kosmos in Harmonie lebt, gelassen auf die Herausforderungen des Alltags reagieren kann.

Spekulation mit Zwiebeln:
Die Tulipomanie

Tulpenzwiebeln wurden im Goldenen Zeitalter der Niederlande zu einem Spekulationsobjekt. Denn die Begeisterung
für die herrlichen Tulpen führte in den dreißiger Jahren des
17. Jahrhunderts zu einem ungeheuren Boom. Die Attraktivität
der Gewinne, die mit den Blumenzwiebeln erzielt werden konnten, veranlasste immer mehr Personen, sich in den Tulpenhandel
zu stürzen. Nicht mehr nur Züchter und Käufer, die die erworbenen Zwiebeln in ihren Garten vergruben und sich im folgenden
Frühjahr an der Blume erfreuen wollten, bestimmten die Szene,
sondern neue Gruppen, für die die Tulpe ein Zahlungsmittel dar-
stellte, drängten immer schneller auf den Markt, darunter zahlreiche Handwerker, die fehlendes Kapital durch Risikobereitschaft
ersetzten.

Im Herbst 1635 kam es zu einer folgenschweren Neuerung:
Man begann, nicht mehr mit den Zwiebeln selbst, sondern mit
»Schuldscheinen« zu handeln, auf denen die notwendigen Einzel-
heiten der Tulpe ebenso vermerkt waren wie das Datum, zu dem
sie aus der Erde ausgegraben werden sollte. Damit war es gelun-
gen, die durch die Vegetationsperiode notwendige Einschränkung
des Handels zu umgehen: Das ganze Jahr über konnte nun der
windhandel, wie die Holländer diese Phase des Tulpenwahns treffend nennen, vonstattengehen. Zur Sicherung führte man eine Ge-
wichtsangabe der Zwiebel ein, die ebenfalls auf dem Schuldschein

vermerkt werden musste. Gewogen wurde nach *azen* (Asen), der kleinsten Gewichtseinheit der Goldschmiede.

Jetzt wechselten Tulpen den Besitzer, ohne dass der Käufer, den nur die Hoffnung auf steigende Preise umtrieb, seine Zwiebel zu Gesicht bekommen hatte. Diese ruhte zum Zeitpunkt des Geschäftes noch in der Erde. Bis zum Ausheben im Hochsommer konnte die Zwiebel an Gewicht zugenommen, aber auch verloren haben. Vielleicht hatte sie einen Ableger bekommen. Der Handel nach Gewicht wurde, so würde man heute sagen, zu einem Warentermingeschäft, mit gigantischen Gewinnmargen, aber auch vielfältigen Risiken. Doch der schnelle Gulden reizte. Jeder wollte dabei sein. Tausende wurden vom Spekulationsfieber ergriffen. Warnende Stimmen verhallten ungehört. Häuser wurden beliehen, Handwerksgeräte, Mobiliar, Kleider verkauft. Amateure betrieben den Blankohandel mit den Zwiebeln.

Bald wurden nicht nur die Tulpen der höchsten Preisklasse als Einzelstücke gehandelt, sondere auch billigere Sorten gingen pfund- oder gar körbeweise über den Auktionstisch. Die Geschäfte wurden nicht an der neu eingerichteten Amsterdamer Börse getätigt, sondern in den Hinterzimmern einzelner Gasthöfe. Die Börse des Tulpenhändlers war seine Stammkneipe. Auch die Wirtsleute kamen auf ihre Kosten, mussten doch die Käufer (nicht etwa die Verkäufer!) dem Gastwirt nach erfolgreich abgeschlossenem Vertrag eine Art Provision, das »Weingeld« (*drietjen*), zahlen.

Für Tulpenzwiebeln wurden Beträge ausgegeben, mit denen man sich ohne weiteres ein elegantes Wohnhaus in der besten Lage Amsterdams hätte kaufen können. Der Preisauftrieb nahm ungeheure Ausmaße an. Die ohnehin schon extrem seltene und außergewöhnlich schöne Tulpe *Semper Augustus*, die 1623 für 1000 Gulden pro Zwiebel gehandelt wurde, kostete Mitte der dreißiger Jahre 5500 Gulden, im ersten Monat des Jahres 1637 10 000 Gulden. Diese Summe hätte genügt, um eine mehrköpfige holländische Familie das halbe Leben lang mit dem Nötigsten zu versorgen.

Rembrandts Entgelt für seine *Nachtwache* belief sich 1642 auf 1600 Gulden. Auch die Preise für weniger gefragte Tulpen stiegen ins Uferlose. Bei einer Versteigerung am 5. Februar 1637, die von dem Vormundschaftsgericht zugunsten der sieben Waisen eines Gastwirtes in Alkmaar veranstaltet wurde, überschlugen sich die Gebote. Annähernd 100 Posten erbrachten 90 000 Gulden: Die halbwüchsigen Kinder hatten für ihr Leben ausgesorgt.

Diese Auktion markiert den absoluten Höhepunkt des Tulpenfiebers. Der Markt war völlig überhitzt. Innerhalb von wenigen Wochen kam es zum Zusammenbruch. Der 5. Februar 1637 war der »Schwarze Freitag« des holländischen Tulpenhandels. Die Zahl der Anbieter überstieg die der Käufer. Das Angebot an erstklassigen Zwiebeln war erschöpft, minderwertige Ware dominierte, neues Geld floss nicht mehr in den Markt. Juristische Händel und politisches Gezänk um die Kaufverträge schlossen sich an, waren doch Anzahlungen auf Tulpen geleistet worden, die jetzt wertlos waren. Moralische Entrüstung und beißender Spott trafen diejenigen, die in dem großen Tulpenrausch ihr Geld verspielt hatten. Den profitgierigen Händlern wurde in Wort und Bild die Narrenkappe aufgesetzt. Andere erkannten die Schuldigen in Juden und Mennoniten. Manch einer ließ seiner Wut auf die einst angebetete Blume freien Lauf: Ein Professor für Botanik aus Leiden zerschlug mit seinem Spazierstock jede Tulpe, die er erspähte.

Eine entscheidende Voraussetzung für die Explosion der Preise war die neue Prosperität der niederländischen Kaufleute, die durch den Überseehandel und die Erschließung neuer Märkte zu Vermögen gekommen waren. Amsterdam wurde zu einer ökonomischen Drehscheibe des nordwestlichen Europa. Zudem kam es durch eine schwere Pestepidemie, die zwischen 1633 und 1635 in Holland wütete, zu einer Verknappung der Arbeitskräfte, so dass die Löhne kräftig anstiegen und auch einfache Leute über hinreichend Kapital verfügten, um in den spekulativen Handel mit Tulpenzwiebeln einzusteigen. Schließlich hatte der Schwedenkönig

Gustav Adolf durch seine Siege über die Liga bei Breitenfeld 1631 und Rain am Lech 1632 die protestantischen Niederlande von der katholischen Umklammerung zu Lande befreit. Im Angesicht der neu gewonnenen Freiheit, so meinen manche, stürzten sich viele wie trunken in das Glückspiel mit den Blumenzwiebeln.

Der Tulpencrash hatte indes keine gravierenden Folgen für die niederländische Wirtschaft. Zu einer allgemeinen Rezession kam es nicht. Amsterdam blieb die ökonomische Drehscheibe des nordwestlichen Europa. Und der Tulpenhandel erholte sich innerhalb kürzester Zeit.

Alle Jahre wieder:
Die Rose von Jericho

In Paris schickte sich der Nationalkonvent an, das Weihnachtsfest abzuschaffen. Die Feiertage des christlichen Kalenders wurden gestrichen und die Kirchen in Tempel der Vernunft umbenannt. Doch dem republikanischen Kalender, der seit dem 22. September 1792 galt, war kein dauerhafter Erfolg beschieden. Weder in Frankreich selbst noch in den europäischen Staaten wollten die Menschen die christliche Tradition aufgeben.

So kam nach der Okkupation großer Teile der heutigen Schweiz durch französische Truppen im Jahr 1798 an Heiligabend viel Volk aus der näheren und weiteren Umgebung in Riesbach, einer kleinen Gemeinde am rechten Ufer des Zürichsees, in einem Haus zusammen, um eine scheinbar völlig vertrocknete Pflanze zu bestaunen, die von einer Frau in frisches Wasser gesetzt wurde. Alle warteten unter Gesang geduldig, bis sie sich öffnete, wieder Farbe annahm und zu neuem Leben zu erwachen schien, ganz als sei der Frühling schon gekommen. Ging sie schneller oder langsamer auf als in den letzten Jahren, fragten sich die Umstehenden. Daraus schloss man auf besseres oder schlechteres Wetter im neuen Jahr, auf Regen oder Trockenheit, auf reiche oder karge Ernte.

Dieses Weihnachtsorakel, das sich weit bis in die Frühe Neuzeit zurückverfolgen lässt, wurde mit unterschiedlichen Ausprägungen in Frankreich und auf der iberischen Halbinsel, in den deutschen Ländern und in der Habsburgermonarchie befragt. In der Christnacht, so glaubten viele, erwache die Blume genau zu der Stunde wieder, da der Heiland geboren war. In katholischen Gegenden legte man sie in ein mit Weihwasser gefülltes Gefäß und betete den Rosenkranz. Lutheraner und Calvinisten hielt man fern, sonst verdüsterte sich der Blick in die Zukunft.

Bei dem Orakelobjekt handelt es sich um die sogenannte Rose von Jericho. Die Botaniker nennen sie seit Linné nicht minder prägnant *Anastatica hierochuntica*, die »Auferstehungspflanze« aus Jericho. Dabei handelt es sich um einen Kreuzblütler, der heute noch in den nordafrikanischen und vorderasiatischen Wüsten zu finden ist. Die grüne Pflanze wird kaum über fußhoch. Stark verzweigte Stängel tragen spatelförmige Blätter, und die endständigen Blütentrauben sind weiß. Nach der erfolgreichen Ausbildung von kleinen Schoten mit winzigen Samen stirbt das einjährige Gewächs ab. Die verholzten, blattlosen Stängel krümmen sich nach innen und bilden einen dichten Knäuel, dessen Durchmesser etwa 10 bis 20 cm beträgt. So sind die Früchte am Ende der Verästelungen von einem engmaschigen Gitter vor der glühenden Sonne geschützt. Sobald die Pflanze mit Wasser in Kontakt kommt, biegen sich die Stängel wieder nach außen. Allerdings ist und bleibt die Jerichorose tot. Der Vorgang, der sich beliebig oft wiederholen lässt, ist rein physikalisch zu erklären: Die befeuchteten Stängel quellen durch hygroskopische Bewegungen auf. In ihrem natürlichen Umfeld sichert die Pflanze so ihr Überleben. Denn nun öffnen sich die Schoten, und die Samen werden durch Wassertropfen herausgespült und durch den Wind verstreut.

Mittelalterliche Kreuzritter und Jerusalempilger erinnerte die wundersame »Blume« an die Rosenstöcke von Jericho, mit denen Jesus Sirach im Alten Testament die göttliche Weisheit verglichen hatte, und sie verehrten sie als Symbol der Auferstehung Christi. Die Jungfrau Maria habe eine Jerichorose in ihrer Hand gehalten, als sie das göttliche Kind gebar; und auf der Flucht vor Herodes habe sie ihren Sohn auf dieser Blume gebettet, als sie die Windeln wechselte. Rasch fand die Rose von Jericho ihren festen Platz in der vormodernen Heilkunde. Von Hebammen wurde sie als geburtsförderndes Mittel eingesetzt und den Schwangeren der Sud von eingeweichten Pflanzen eingeflößt. Auch gegen andere Leiden wirke das Gewächs, so hoffte man: gegen Erkältung und Haarausfall, Depressionen und Menstruationsprobleme, Gelbsucht und Epilepsie.

Wer eine Rose von Jericho erworben oder gar von einer Pilgerfahrt selbst mitgebracht hatte und nicht für medizinische Belange benutzte, vererbte sie von Generation zu Generation. Erst der aufklärerische Rationalismus entmystifizierte die Auferstehungspflanze. Sie sollte nicht weiter die Zukunft vorhersagen, sondern ein Objekt botanischer Studien sein. Carl von Linné, ihr Nomenklator, hing sich ein Exemplar als pflanzliches Hygrometer ins Fenster.

Doch die Rose von Jericho fasziniert bis heute. Sie ist noch immer so beliebt, dass es gleich mehrere Pflanzenarten gibt, die unter diesen Namen verkauft werden, darunter ein wechselfeuchtes Moosfarngewächs aus Mexiko, die *Selaginella lepidophylla*. Wer die »echte« Rose von Jericho – etwa zum Weihnachtsfest – erwirbt, sollte sie unbedingt in eine Schale mit kaltem oder lauwarmen Wasser legen; in heißem Wasser entfaltet sie sich zwar rascher, aber ihre Regenerationsfähigkeit nimmt Schaden. Es empfiehlt sich, sie nach einer Woche herauszuholen und gut zu trocknen, damit nicht der Schimmel ihrer Auferstehungskraft ein trauriges Ende setzt.

Herrschaftszeichen:
Englands Liebe zum Baum

Sobald es draußen kalt wird, prasselt in vielen Kaminen ein Holzscheit, das wohlige Wärme schenkt. Die weit verbreitete Verwendung des ältesten Brennstoffs der Menschheit steht allerdings in Widerspruch zur populären Verehrung des Baumes, die auf eine längere Tradition zurückblicken kann, wie ein Blick in die englische Literatur des 18. Jahrhunderts zeigt. Schon damals zog sich des Volkes Zorn zu, wer die Axt an einen Baum legte. Alexander Pope ließ keinen Zweifel daran, dass ein Baum *a nobler object than a prince in his coronation robe* sei.

Fragen wir nach den Ursachen, die im England des 18. Jahrhunderts zu einer neuen, durchweg positiven Bewertung des Baumes führten, so genügt es mit Sicherheit nicht, auf die quasi-religiöse Verehrung der Natur im Kontext romantischer Strömungen zu verweisen, die den Wald in eine Kathedrale verwandelte und als geeigneten Ort innerer Einkehr feierte. Schon gar nicht kann die Hypothese überzeugen, dass die neu erwachte Begeisterung des Adels für die Fuchsjagd die Verbreitung von Wäldern auf dem flachen Land maßgeblich gefördert habe. Die Veränderung der öffentlichen Wahrnehmung des Baumes hatte vielmehr soziale und politische Gründe. Englische *gentlemen* gestalteten mit Hilfe von Bäumen ihre neuen Wohnsitze in der »freien Natur«.

Der englische Landschaftsgarten veränderte die Beziehung zwischen Mensch und Baum grundlegend. Als Demonstration der

Macht auf dem Land erhoben sich, weithin sichtbar, die massiven Bauten des Hochadels, der allmählich wieder die führende Rolle im Staatswesen einnahm, die ihm während der ersten Hälfte des 17. Jahrhunderts bestritten worden war. Wenige Familien hatten gewaltige Besitzungen arrondiert. Der Duke of Newcastle etwa besaß Tausende von Morgen in dreizehn Grafschaften. Gleichzeitig hatten die Adeligen Anteil am aufblühenden Kapitalismus, so dass sie über gigantische finanzielle Mittel verfügten. Ihnen zur Seite traten die Repräsentanten der Hochfinanz und des Handels, die denselben aufwändigen Lebensstil pflegten.

Vor den Toren der Städte wurden riesige Landschaftsparks geschaffen, denen nicht selten ganze Dörfer weichen mussten. In deren Zentrum erhob sich ein prächtiges Schloss, auf das verschiedene Achsen zuliefen, welche die *gentry*, der niedere Adel, auf dem benachbarten Territorium oft fortsetzten. Also gestalteten die englischen Peers nicht nur ihren Grund, sondern auch diejenigen Gebiete, die an ihren Besitz angrenzten. Die Landschaftsarchitektur war somit zum Herrschaftssymbol geworden: Der Besitzer des *country house* gebot über das umliegende Land, und alle Wege führten zu ihm. Für die geometrische Gestaltung der Umgebung war der Baum nachgerade ideal: So ließen sich entweder Blickachsen durch einen bereits bestehenden Wald schlagen oder eine mit Bäumen bepflanzte Straßen anlegen. Mehrere Meilen lange Alleen aus Linden, Ulmen und Kastanien entstanden damals.

Das Pflanzen von Bäumen wurde zu einer wesentlichen Beschäftigung des *landlord* und trat gleichberechtigt neben die Begeisterung für Hunde und Pferde. Washington Irving bemerkte süffisant, dass englische *gentlemen* Stunden damit verbringen könnten, das Aussehen und die Schönheit einzelner Bäume zu diskutieren, als handle es sich um Statuen oder Pferde. Die aristokratische Liebe zum Baum setzte aber nicht nur große ökonomische Ressourcen und reichlich freie Zeit voraus, sondern auch politische Stabilität. Denn nur diese konnte die sichere Weitergabe des Besitzes in der Erbfolge garantieren und die Hoffnung nähren, dass die nachfolgenden Generationen aus den Pflanzungen gleichermaßen ästhetischen Genuss und wirtschaftlichen Gewinn ziehen würden. Während man in Nordamerika große Flächen mehr oder weniger systematisch rodete, erlebte England das erste große Aufforstungsprogramm der Geschichte! Zwischen 1760 und 1835 wurden durch private Initiative Abermillionen von Bäumen angepflanzt. Von diesem Boom profitierten nicht zuletzt die Baumschulen, die nun selbst in kleineren Städten eröffnet wurden und über ein reichhaltiges Angebot verfügten.

Die vielfältige Verehrung des Baumes im England des 18. Jahrhunderts wurzelte folglich in seiner gesellschaftlichen Bedeutung für die Nobilität. Die englische Aristokratie begeisterte sich für den Baum, weil er ein vorzügliches Mittel zur herrschaftlichen Gestaltung der Landschaft war. Er dokumentierte den Anspruch auf soziale Überlegenheit, er versprach der Familie reichen Gewinn, und er war schließlich der unverzichtbare »Rohstoff« für eine schlagkräftige Royal Navy. Mit seiner Hilfe inszenierte die englische Elite auf weitläufigen Landgütern ihren gegenwärtigen und zukünftigen Herrschaftsanspruch.

Aus dieser Zeit stammen viele große alte Bäume, die sich durch ihren kräftigen Wuchs und ihr besonderes Ebenmaß auszeichnen und häufig mit der Geschichte eines Ortes oder einer Familie identifiziert werden. Sie prägen nicht nur die englische *country side*, sondern sind inzwischen auch sozialisiert und zu einem unverzichtbaren Bestandteil der kulturellen Identität des Landes geworden. Die Zerstörungen, die Krankheiten und Wetterunbill am Ende des 20. und zu Beginn des 21. Jahrhunderts unter den Bäumen anrichteten, haben deshalb auch die Bevölkerung Englands tief erschüttert.

Ein Lob auf Alteuropa:
Bürgerliche Gartenkunst

Der Garten ist ein Paradigma der Sozial- und Kulturgeschichte, wie beispielhaft die bürgerliche Gartenkunst der Goethezeit zeigt. Die historische Forschung hat längst erkannt, dass klassische soziale Parameter oder ökonomische Ressourcen nicht genügen, um diejenige Schicht zu definieren, die wir als Bürgertum bezeichnen. Eine spezifische Art der Lebensführung muss hinzutreten, um – wie der deutsche Soziologe M. Rainer Lepsius formuliert hat – die Differenz zwischen der Heterogenität sozialer Lagen und der Homogenität geistiger Identitäten zu überbrücken. Damit ist die bürgerliche Gesellschaft ein Modell der Akkulturation. Spezifische Werte und Handlungsmuster prägen ihre Kultur und Mentalität. Bürgerlichkeit als kulturelles System findet sich auch in den Gärten, in denen seit dem ausgehenden 18. Jahrhundert individuelle Freiheit gesucht, persönliche Anlagen entfaltet und die Familie als private Sphäre zelebriert wurden.

Nach dem Ende des Siebenjährigen Krieges im Jahr 1763 entdeckte ein selbstbewusstes Bürgertum, das von ökonomischer Prosperität und politischer Stabilität profitierte, im Garten den Ort der Emanzipation von gesellschaftlichen Zwängen. Zahllose Schriften zeugen von der neu erwachten »Gartenlust«. Vor den Toren der Städte gehorchte man nicht mehr den Regeln einer ohnehin obsolet gewordenen Standesethik, sondern gab sich frei und ungezwungen. Das Ideal der streng symmetrischen Anlage französischer Prägung gehörte der Vergangenheit an. Stattdessen wurde der englische Landschaftsgarten propagiert. Der Kieler Philosoph Christian Cay Lorenz Hirschfeld erklärte in seinem einflussreichen Werk über die *Theorie der schönen Gartenkunst* kategorisch: »Wir hassen Einschränkung und lieben Ausdehnung und Freiheit«. Der Rückzug in den privaten Garten war folglich nicht nur eine Flucht vor dem fordernden Leben der Stadt und den zahlreichen Mühen des Arbeitsalltags. Der Garten eröffnete dem Individuum autonome Freiräume und ging mit neuen Erfahrungen sozialer Interaktion und kultureller Tätigkeit einher.

Nachdem Goethe 1775 nach Weimar gekommen war, erwarb er mit dem Geld des Herzogs Carl August sein »Gartenhaus« außerhalb von Weimar, um dort nicht nur die Natur intensiv zu erleben, sondern sich auch ins Private zurückziehen zu können. Energisch machte er sich an die Erneuerung von Haus und Garten, ließ den Hang terrassieren, Wege und Treppen anlegen und Spaliere an der Fassade anbringen. Ausdauernd widmete er sich der Bepflanzung. Vom Anwesen seines Großvaters Johann Wolfgang Textor in Frankfurt am Main wusste er, dass der Gärtner nicht nur ästhetische Bedürfnisse befriedigen, sondern auch nützliche Gewächse pflegen musste. Lust- und Nutzgarten fanden am östlichen Hang der Ilm zusammen.

Im Garten sollte, wie Goethe einmal schrieb, Ruhe über die Seele kommen. Der bürgerliche Gärtner suchte Intimität und Privatsphäre. In dem eingezäunten Revier konnte man die Familie versammeln und Freundschaften pflegen, aber auch inspirierende Augenblicke erleben und stille Besinnung finden. Die Anlage und Pflege des eigenen Refugiums war eine permanente Herausforderung, für die der Gärtner selbst verantwortlich war. Für Planung und Gestaltung konnte man nun auf eine breite Ratgeberliteratur zurückgreifen. Mit deren Hilfe wurde der Garten zu einem Ort des Experimentierens: Die Kultivierung von Obstsorten und die Anzucht von Blumen waren beliebte Beschäftigungen.

Doch nicht nur die Erzeugnisse aus dem Garten dienten der bürgerlichen Repräsentation. Die Begeisterung für ferne Welten und frühere Zeiten brachte allerlei Zierrat selbst in den kleinsten Garten: fernöstliche Pagoden, Fragmente antiker Tempel und gotische Kapellen. Tiefsinnige Inschriften erinnerten an die Schönheit, aber auch die Vergänglichkeit menschlicher Existenz. Goethe errichtete in unmittelbarer Nähe seines Gartenhauses ein außergewöhnliches, nicht-figürliches Monument, das eine auf einem Kubus ruhende Kugel zeigte: den »Altar der Agathe Tyche« oder »Stein des guten Glücks«.

Die neue Garteneuphorie führte zu einem Wandel habitueller Muster. Das Gärtnern mit den eigenen Händen war nicht länger verpönt: »Ich wühle in meinem Garten wie ein Maulwurf«, gestand ein Zeitgenosse von Goethe und war dabei glücklich. Auch wenn für die Pflege größerer Anlagen die Hilfe von Gärtnern in Anspruch genommen wurde, veränderte sich im Garten die bürgerliche Einstellung zu körperlicher Arbeit, die nicht mehr allein als Zeichen des gesellschaftlichen Standes, sondern als Teil individueller Selbstverwirklichung verstanden wurde. Man war glücklich, die selbst erworbenen Pflanzen eigenhändig ins Beet gesetzt zu haben, kaufte mit Begeisterung Gartengerät und passende Kleidung, vorzugsweise aus England, und führte den Krieg gegen allerlei Schädlinge und Ungeziefer. Schnell erkannte eine aufklärerische Pädagogik die Gartenarbeit als ein probates Mittel zur rechten Erziehung der Kinder.

Das bürgerliche Idyll im Garten war wirkmächtig. Zwischen Blumenbeet und Obstwiese suchte man jenseits ständischer Unterschiede sein privates Lebensglück – oder mit Goethes Faust: »Hier bin ich Mensch, hier darf ich's sein.«

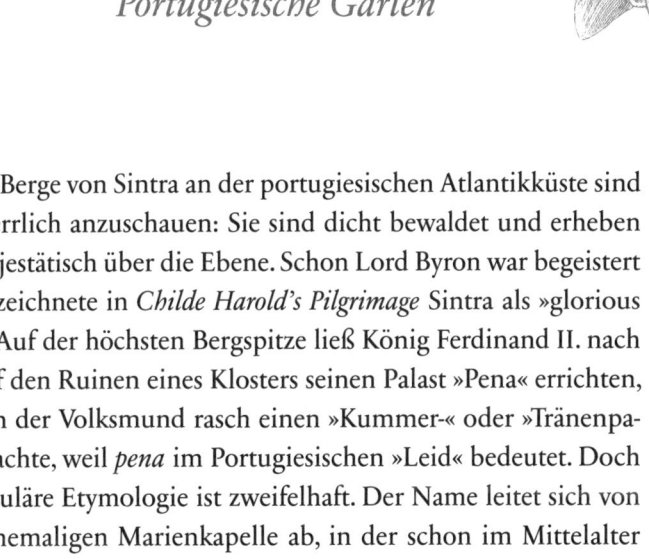

Multikulti an der Atlantikküste: Portugiesische Gärten

Die Berge von Sintra an der portugiesischen Atlantikküste sind herrlich anzuschauen: Sie sind dicht bewaldet und erheben sich majestätisch über die Ebene. Schon Lord Byron war begeistert und bezeichnete in *Childe Harold's Pilgrimage* Sintra als »glorious Eden«. Auf der höchsten Bergspitze ließ König Ferdinand II. nach 1840 auf den Ruinen eines Klosters seinen Palast »Pena« errichten, aus dem der Volksmund rasch einen »Kummer-« oder »Tränenpalast« machte, weil *pena* im Portugiesischen »Leid« bedeutet. Doch die populäre Etymologie ist zweifelhaft. Der Name leitet sich von einer ehemaligen Marienkapelle ab, in der schon im Mittelalter die Nossa Senhora da Pena, die Schmerzensmutter, verehrt wurde. Die Anlage, die seit 1995 zum UNESCO Weltkulturerbe zählt, ist ein Paradebeispiel des eklektischen Architekturstils, der den Historismus kennzeichnet. Elemente der Gotik, Renaissance und Manuelinik, aus Barock und Rokoko werden hier amalgamiert und aktualisiert. Auch Versatzstücke aus der maurischen Tradition sind in das Bauwerk integriert.

Im 19. Jahrhundert gaben Monarchen und Fürsten in ganz Europa den Bau repräsentativer Residenzen in Auftrag, in denen ganz unterschiedliche Stile zusammengeführt wurden. In Deutschland illustriert diese Epoche besonders eindrücklich das Schloss Neuschwanstein im Allgäu. Vielerorts ist zu lesen, Ludwig II. habe seinen romantischen Märchenpalast ab 1869 nach Vorbild der Anlage in Sintra erbauen lassen. Doch der bayerische König hat sich für seine idealtypische Ritterburg eher von deutschen und französischen Vorbildern inspirieren lassen – und von Richard Wagner.

Die Möglichkeiten eines expliziten Stilpluralismus faszinierten Ferdinand von Sachsen-Coburg und Gotha, der 1836 die verwitwete portugiesische Königin Maria II. geheiratet hatte. Er vertraute seinem Architekten Wilhelm Ludwig von Eschwege, der als Geologe und Ingenieur zuvor den Bergbau in Brasilien eingeführt hatte und jetzt auf dem Fundament der Ruinen aus dem 16. Jahrhundert durch die Nachahmung des Vergangenen etwas Neues erschaffen wollte.

Der Palast, dessen einzelne Teile in kräftigen Farben erstrahlen, ist vollständig von einem über 200 Hektar großen Landschaftspark umgeben, der durch ein labyrinthisches Wegenetz erschlossen wird. Brücken, Pergolen und Brunnen, aber auch Höhlen und Grotten setzen gestalterische Akzente. Dem heutigen Besucher präsentiert sich ein ausgedehntes Waldgebiet mit üppiger Vegetation, das vergessen lässt, dass es mehrere Jahrzehnte brauchte, um die kahlen Felsen in ein grünes Paradies zu verwandeln. Der König setzte auch hier auf Vielfalt: Er ließ hunderte Baumarten aus verschiedenen, auch fernen Ländern anpflanzen. Dazu gehörten der Küstenmammutbaum (*Sequoia sempervirens*), der Riesen-Lebensbaum (*Thuja plicata*) und Lawsons Scheinzypresse (*Chamaecyparis lawsoniana*) aus Nordamerika, der Ginkgo (*Ginkgo biloba*), die Japanische Sicheltanne (*Cryptomeria japonica*) und Magnolien aus Ostasien sowie zahlreiche Farne aus Australien und Neuseeland.

Nur wenige Kilometer vom Palácio Nacional da Pena in westlicher Richtung entfernt liegt der Landschaftspark von Monserrate, dessen Anfänge in das ausgehende 18. Jahrhundert zurückreichen, als ein englischer Kaufmann, der durch den Handel mit brasilianischen Hölzern reich geworden war, begann, sich eine Residenz vor den Toren der Stadt errichten zu lassen. Die heutige Gestalt erhielten Gebäude und Park durch den englischen Textilhändler

Francis Cook, der das Anwesen 1856 zunächst pachtete und einige Jahre später erwarb. Auch Monserrate gehört zum Weltkulturerbe der UNESCO.

Das ursprünglich im neugotischen Stil errichtete Gebäude war in einem bedauernswerten Zustand, als der steinreiche Cook es kaufte. Sein Neubau integrierte ältere Strukturen, fügte aber indische und maurische Stilelemente hinzu. Der Pluralismus setzte sich im Park fort, in dem verschiedene Szenen nach den Entwürfen eines Landschaftsmalers modelliert wurden und der durch Brunnen, Teiche, Mauern, Bögen und Tore strukturiert war. Drinnen wie draußen wurde mit Licht und Schatten gespielt. Pflanzenkundliche Expertise holte sich Cook aus den Königlich Botanischen Gärten in Kew und brachte Gewächse aus aller Herren Länder: aus Mittelamerika und Südafrika, aus Ostasien und Nordamerika herbei und ließ sie kunstvoll in einzelnen Arealen arrangieren.

Unzählige Pflanzen aus subtropischen Klimazonen wurden in die heimische Vegetation eingefügt. Bestaunen konnte man den Bunya-Bunya Baum (*Araucaria bidwillii*) aus Australien, riesige Weihnachtssterne (*Euphorbia pulcherrima*) aus Neuseeland, die Montezuma-Zypresse (*Taxodium mucronatum*) aus Mexiko, die Honigpalme (*Jubaea chilensis*) aus Chile und die Baum-Strelitzie (*Strelitzia nicolai*) aus dem südlichen Afrika. Für die tiefen Täler im Gelände beschaffte man Ende der 1860er Jahre meterhohe Baumfarne aus Australien, die ohne Wurzeln und Wedel in mit feuchtem Sägemehl gefüllten Kisten nach Sintra transportiert, dort akklimatisiert und erfolgreich verpflanzt wurden: Von zwölf Farnen sollen acht an dem neuen Standort angewachsen sein.

Für die Illusion natürlicher Habitate scheute Francis Cook in seiner exklusiven Sommerresidenz keinen Aufwand. Im Zeitalter des Historismus trat der Repräsentant eines erfolgreichen Wirtschaftsbürgertums in die hortikulturelle Konkurrenz mit Fürsten und Königen. Doch das großartige Anwesen verfiel in der zweiten Hälfte des 20. Jahrhunderts zusehends. 1985 entdeckte der englische Landschaftsarchitekt Gerald Luckhurst auf einer Gartenreise nach Portugal das verwilderte Gelände und machte dessen historische Erforschung und Rekonstruktion zu seiner Lebensaufgabe. 2013 erhielt er den Europäischen Gartenpreis für die »beste Weiterentwicklung eines historischen Parks oder Gartens«. Zahllose Besucher und Besucherinnen hat Gerald Luckhurst auf seinen Führungen durch den Park von Monserrate an der portugiesischen Atlantikküste begeistert.

Aus deutschen Landen: Der Siegeszug des Weihnachtsbaums

Kurz vor Weihnachten 1942 sandte Hermann Göring besondere Geschenke in den Kessel von Stalingrad: Die Luftwaffe brachte künstliche Weihnachtsbäume, die mit Lametta, Engelsfiguren, Sternen und Kugeln geschmückt waren. Doch das Präsent des Reichsmarschalls verfehlte in der eisigen Kälte seine Wirkung. Die Moral der hungernden Soldaten war nicht mehr zu heben. Trost suchten sie, wenn überhaupt, bei der Madonna von Stalingrad.

Die Geschichte des deutschen Weihnachtsbaumes ist eng mit den kriegerischen Konflikten des Kaiserreiches und des sogenannten Dritten Reiches verbunden. Im Deutsch-Französischen Krieg von 1870/71 feierte der Preußenkönig und künftige deutsche Kaiser Wilhelm in Versailles unter einem geschmückten Baum das Christfest und schenkte seinen Soldaten kleine Fichten. Im Ersten Weltkrieg wurde in den trostlosen Schützengräben der Geburt des Heilandes gedacht, und im Zweiten Weltkrieg bohrten Landser Löcher in Besenstiele, um das traurige Holzgerippe mit Tannenzweigen und Papiersternen zu verzieren. Wenn es gar nicht anders ging, fabrizierte man auch aus Steppengras einen Christbaum. Das wichtigste Signet weihnachtlicher Besinnung war gerade in Zeiten politischer Indoktrination und militärischer Eskalation unverzichtbar, weil es die Front einte und zugleich mit der Heimat verband.

Die Anfänge des Weihnachtsbaumes liegen im Dunklen. Die einen verweisen auf die sakrale Verwendung immergrüner Pflanzen als Symbol der Unsterblichkeit in den antiken Hochkulturen, die anderen auf germanische Kulte, in denen das Wintergrün von Misteln und Stechpalmen, Eiben und Tannen verehrt wurde. Der mit Äpfeln bestückte Paradiesbaum gilt manchen als Vorbild, der am Gedenktag von Adam und Eva, dem 24. Dezember, aufgestellt wurde. Sicher wissen wir nur, dass im Elsass Ende des 15. Jahrhunderts zum Jahreswechsel Tannenzweige geschnitten und ins Haus geholt wurden. Dieser Brauch, den schon der Straßburger Stadtschreiber Sebastian Brant als Aberglauben geißelte, gab immer wieder Anlass für offizielle Interventionen, um das Holzen von »Maien«, d. h. des Grüns von Tannen, zu unterbinden. Die ersten Bäume, die hundert Jahre später in die gute Stube gebracht wurden, waren mit Äpfeln, Back- und Zuckerwerk und Rauschgold geschmückt. Vom Elsass aus fanden diese Bäume in deutschen Landen Verbreitung. Brennende Kerzen am Weihnachtsbaum bezeugt als erste Lieselotte von der Pfalz für das Jahr 1660. Mit den *Leiden des jungen Werthers* hat Goethe dann 1774 den »aufgeputzten« Weihnachtsbaum zum Gegenstand literarischer Darstellung gemacht.

Seinen Siegeszug trat der Weihnachtsbaum aber erst zu Beginn des 19. Jahrhunderts an. Das Fest sei auf das Schönste ausgefallen, schrieb Caroline von Humboldt am 29. Dezember 1815 an ihren abwesenden Ehemann Wilhelm. In ihrem Berliner Domizil standen an den zwei Enden eines langen Geschenktisches zwei kleine Weihnachtsbäume, die hell illuminiert waren. Ein Jahr später verewigte E. T. A. Hoffmann in seinem Märchen *Nussknacker und Mausekönig* einen großen Tannenbaum, der goldene und silberne Äpfel trug, in Fülle Zuckermandeln und bunte Bonbons darreichte und an dessen dunklen Zweigen »hundert kleine Lichter wie Sternlein funkelten«. 1824 gab der Leipziger Lehrer Ernst Anschütz dem berühmten Weihnachtslied *O Tannenbaum* seine heutige Gestalt.

Der Weihnachtsbaum wurde zum Herzstück des bürgerlichen Familienfestes, verdrängte den Adventsbaum und ergänzte selbst in erzkatholischen Gegenden die kunstvoll geschnitzten Krippen. Zunächst mit Backwaren, Naschwerk und Früchten verziert, kamen bald Lametta, Glaskugeln, Wachs- und Zinnfiguren hinzu. Der heimlich geschmückte Baum wurde am Heiligabend erstmals entzündet und versammelte die Kleinfamilie zum Fest.

Von Deutschland aus eroberte der Weihnachtsbaum die Welt. In Wien hatte die Berliner Jüdin Fanny von Arnstein bereits 1814 den Baum in den Mittelpunkt ihres Weihnachtsfestes gestellt, an dem es üblich war, Geschenke zu verteilen. Karl Follen, der nach den Karlsbader Beschlüssen 1819 aus politischen Gründen aus seiner deutschen Heimat flüchten musste und in Harvard Professor wurde, stellte 1832 in seiner neuen Heimat einen Christbaum auf. Albert von Sachsen-Coburg und Gotha, der Gemahl der englischen Königin Victoria, beglückte 1840 das British Empire mit dem *Christmas Tree*. Bald wurden weltweit in christlichen Privathäusern und Kirchen, aber auch in öffentlichen Gebäuden und auf großen Plätzen Weihnachtsbäume aufgestellt. Seit 1891 wird der berühmte Weihnachtsbaum vor dem Weißen Haus in Washington bewundert; und seit 1912 erstrahlt zur Weihnachtszeit ein öffentlicher Baum in New York.

Trotz Säkularisierung und Kommerzialisierung des Weihnachtsfestes lieben die Deutschen ihren Weihnachtsbaum, am liebsten im Form einer Nordmanntanne, die zwar nicht weihnachtlich duftet, dafür aber ihre weichen Nadeln über die Festtage behält. Der Trend zu Zweit- und Drittbäumen in Gärten und vor Häusern ist ungebrochen und erfasst auch Agnostiker und Angehörige anderer Religionen. Der Weihnachtsbaum überbrückt zumindest zur Weihnachtszeit politische, religiöse und soziale Differenzen. Der Baum, der nicht nur im Sommer, sondern auch im Winter, wenn es schneit, grünt, scheint noch immer alle Menschen glücklich zu machen.

Vierter Teil

MIT FEDER
UND PINSEL

Der Garten des Alkinoos: Homer

Gartenbau und Landwirtschaft sind bereits Themen der ältesten Dichtung der europäischen Literatur: der beiden Epen *Ilias* und *Odyssee*. Die *Ilias* erzählt vom Krieg der Griechen gegen Troja. Sie endet jedoch nicht mit dem Fall der kleinasiatischen Stadt, sondern schon mit dem Tod des trojanischen Helden Hektor im zehnten und letzten Kriegsjahr. Die *Odyssee* wiederum schildert die abenteuerliche Reise des listenreichen Griechen Odysseus von Troja zurück in seine Heimat Ithaka. Die beiden Werke werden dem Dichter Homer zugeschrieben, der wahrscheinlich gegen Ende des 8. Jahrhunderts v. Chr. lebte.

Auf seinen Irrfahrten gelangte Odysseus auch zu Alkinoos, dem obersten König der Phaiaken. Er herrschte auf der Insel Scheria, die erst eine spätere Tradition mit Kerkyra gleichgesetzt hat. Obwohl ein Orakel ihm verkündet hatte, dass er sich, wenn er dem Fremden hülfe, den Zorn des Meeresgottes Poseidon zuzöge, der Odysseus mit unerbittlichem Hass verfolgte, weil dieser seinen Sohn, den Zyklopen Polyphem, geblendet hatte, nahm Alkinoos den schiffbrüchigen Seefahrer gastfreundlich auf. Scheria wird die letzte Station auf der Reise des Odysseus vor seiner Heimkehr sein.

Ausführlich beschreibt Homer im siebten Gesang seines Epos den luxuriösen Palast des Königs und den prachtvollen Garten, in dem Odysseus beginnt, den blutigen Krieg um Troja zu vergessen:

»Jenseits des Hofes aber liegt ein großer Garten, nahe dem Tor, vier Morgen groß. Von allen Seiten ist er von einem Zaun umgeben. Dort wachsen große Bäume, die kräftig sprossen; sie tragen üppig an glänzenden Früchten, an Birnen und Granatäpfeln und Äpfeln, süße Feigen gibt es auch, und Oliven gedeihen prächtig. Hier verdirbt niemals die Frucht, noch gibt es Mangel, weder im Winter noch im Sommer, über das ganze Jahr hindurch nicht. Sondern der ständig wehende Westwind lässt die einen Früchte wachsen und bringt die anderen zur Reife. Birne reift auf Birne und Apfel auf Apfel, aber auch Traube auf Traube und Feige auf Feige. Dort ist zudem ein Weingarten gepflanzt, der reich an Früchten ist. Ein Teil davon, ein warmer Platz auf ebenem Grund, dient zum Dörren in der Sonne; andere Trauben lesen, wieder andere keltern sie. Und vorne stehen die Rebstöcke mit unreifen Weintrauben, die ihre Blüte gerade erst abstoßen, während andere sich bereits zu färben beginnen. Dort sind auch gepflegte Gemüsebeete mit allerlei Sorten längs der letzten Reihe angelegt, die das ganze Jahr über herrlich anzusehen sind. Darin finden sich zwei Quellen: Die eine verteilt sich im ganzen Garten, die andere läuft in anderer Richtung unter der Schwelle des Hofs hin bis zum hohen Haus. Aus ihr holen die Bürger das Wasser. Solche Gaben der Götter erstrahlten im Wohnsitz des Alkinoos« (Homer, *Odyssee*, Buch 7, Vers 112–132, Übs. d. Autors).

Können wir diesen Versen Hinweise auf den Gartenbau im frühen Griechenland entnehmen? Gewiss, die Anlage ist Teil einer königlichen Residenz, wie es sie damals in großer Zahl gab. Kulturpflanzen, die im gesamten Mittelmeerraum und im Vorderen Orient verbreitet sind, werden genannt: Äpfel und Birnen, Feigen und Wein, Oliven und Granatäpfel. Der Umgang mit den Trauben spiegelt jahrhundertealte Erfahrung. Auch die Angabe, dass Gemüse angebaut werde, verweist auf die historische Bedeutung der griechischen Hortikultur für die Ernährung der Bürger. Selbstverständlich muss ein solcher Garten mit Wasser versorgt werden, wie von Homer beschrieben.

Doch alle Mühe, aus dieser Beschreibung auf das Aussehen früher griechischer Gärten zu schließen, ist vergebens. Die traumhafte Schönheit und immerwährende Fruchtbarkeit des Gartens erinnern jeden Leser an die idealen Zustände des Goldenen Zeitalters, als die Menschen noch ohne Sorge in friedlicher Koexistenz miteinander und mit der Natur lebten. Der Garten des Alkinoos, der in späteren Jahrhunderten sprichwörtlich wurde, ist ein imaginierter, kein konkreter Ort, und folglich ist er auch nicht eindeutig zu lokalisieren. Die Verse loben daher auch den Idealtypus eines guten Herrschers, der seinen Bürgern Anteil an dem lebensnotwendigen Wasser gibt, das in seinem Garten ergiebig sprudelt.

Generationen von späteren Lesern und Leserinnen waren von diesem fiktionalen Garten fasziniert, weil sie in dieser Beschreibung die Atmosphäre des Südens zu spüren glaubten. Als Johann Wolfgang von Goethe auf seiner Italienreise 1787 für fast sieben Wochen Sizilien besuchte, war er begeistert von »der Klarheit des Himmels, dem Hauch des Meeres, den Düften, wodurch die Gebirge mit Himmel und Meer gleichsam in ein Element aufgelöst« worden seien. Er glaubte, durch den Garten des Alkinoos zu wandeln, und las die *Odyssee* mit anderen Augen. Die »lebendige Umgebung« ließ ihn den Plan fassen, »den Gegenstand der Nausikaa als Tragödie zu behandeln«. Die Tochter des Alkinoos, die Odysseus gerettet hatte, verliebte sich in den gut aussehenden Fremdling, der aber nicht auf Scheria blieb, sondern in seine Heimat Ithaka zurückkehrte. »Unwiderruflich« bei ihren »Landsleuten« kompromittiert, so schrieb Goethe Homers Erzählung fort, »bleibt dem guten Mädchen nichts übrig, als im fünften Akte den Tod zu suchen«.

Das Werk blieb Fragment, nachdem Goethe die Insel verlassen hatte. Aber in Erinnerung behielt er die vielen Pflanzen, die er in seiner nördlichen Heimat »nur in Kübeln und Töpfen, ja die größte Zeit des Jahres nur hinter Glasfenstern zu sehen gewohnt war«. Sie dürfte der deutsche Dichter auf Sizilien ebenso bestaunt haben wie der homerische Held, der »vielduldende göttliche Odysseus«, den Garten des Alkinoos.

Hortulus: Walahfrid Strabo

Den idealen Klostergarten hat uns ein Abt von der Reichenau beschrieben: Walahfrid Strabo. Der Sohn kleiner Leute hatte nach 825 in Fulda bei Hrabanus Maurus studiert, fühlte sich dort aber als Fremder ausgegrenzt und sehnte sich zurück in seine Klostergemeinschaft auf der Bodenseeinsel. Als Erzieher des späteren Kaisers Karl des Kahlen soll er von Ludwig dem Frommen 838 die Abtswürde der Reichenau erhalten haben, wo er allerdings in die politischen Wirren um die Nachfolge seines kaiserlichen Gönners verstrickt wurde und zeitweise im Exil lebte. 849 ertrank er in der Loire auf einer Gesandtschaftsreise zum Hof Karls des Kahlen.

Walahfrids theologische und hagiographische Schriften sind im Mittelalter häufig kopiert worden. In der Renaissance entdeckte man das poetische Werk des Gelehrten wieder, das eindrücklich seine intimen Kenntnisse der antiken Vorbilder bezeugt. Ovid und Vergil waren seine ständigen Begleiter.

Wahrscheinlich während seiner Zeit als Abt auf der Reichenau verfasste er sein Buch über den Gartenbau, den *Liber de cultura hortorum*, der kurz auch *Hortulus* (»Gärtchen«) genannt wird und zu den wichtigsten gartengeschichtlichen und botanischen Werken des Mittelalters zählt. In 444 Hexametern sind 24 Pflanzen beschrieben, die auch als Heilkräuter Verwendung fanden: Salbei (*Salvia officinalis*), Weinraute (*Ruta graveolens*), Eberraute (*Artemisia abrotanum*), Flaschenkürbis (*Lagenaria siceraria*), Melone (*Cucumis melo*), Wermut (*Artemisia absinthium*), Gewöhnlicher Andorn (*Marrubium vulgare*), Gartenfenchel (*Foeniculum vulgare*), Schwertlilie (*Iris germanica*), Liebstöckel (*Levisticum officinale*), Kerbel (*Anthriscus cerefolium*), Lilie (*Lilium candidum*), Schlafmohn (*Papaver somniferum*), Muskatellersalbei (*Salvia sclarea*), Frauenminze (*Chrysanthemum balsamita*), Minze (*Mentha*), Poleiminze (*Mentha pulegium*), Sellerie (*Apium graveolens*), Echter Ziest (*Stachys officinalis*), Odermennig (*Agrimonia eupatoria*), Rainfarn (*Tanacetum vulgare*) oder Wiesenschafgarbe (*Achillea millefolium*), Katzenminze (*Nepeta cataria*), Rettich (*Raphanus sativus*) oder Meerrettich (*Armoracia rusticana*) und schließlich die Rose (*Rosa*), wahrscheinlich die *Rosa gallica*, die Essig-Rose, deren Schönheit er mit herrlichen Versen preist.

Walahfrid, der in jungen Jahren auf der weithin bekannten Schule des Klosters Reichenau gelernt hatte, dass die literarische Form dem behandelten Gegenstand entsprechen musste, verfasste kein trockenes Lehrgedicht, das nur die antike Literatur paraphrasierte, sondern dokumentierte in vollendeten Versen seine eigenen Erfahrungen als Gärtner. Sein Augenleiden, dem er seinen Beinamen »Strabo«, d. h. der »Schielende« verdankte, hinderte ihn nicht an der präzisen Beobachtung der wechselnden Jahreszeiten. Die Arbeit im Garten jedenfalls war ihm keine poetische Fiktion, sondern tägliche Profession.

Einleitend gibt Walahfrid hilfreiche Ratschläge für die Vorbereitung des Bodens, für Aussaat und Vermehrung, für Wachstum und Pflege der einzelnen Pflanzen. Als umfassend gebildeter Abt geht er auf ihre Bedeutung in der antiken Mythologie ein und – wie bei Lilie und Rose – auf ihre Verwendung in der christlichen Tradition. Schließlich thematisiert er, sozusagen als früher Vertreter der Phytomedizin, die vielfältigen Heilwirkungen der Kräuter, die er aus der Literatur und eigener Anschauung kannte.

Im klösterlichen Leben, das durch Gebet und Gottesdienst klar strukturiert wurde, hatte die Arbeit im Garten einen festen Platz. Sie hatte Walahfrid zu einem kenntnisreichen Gärtner gemacht, der darüber nachdachte, wie im Diesseits durch Fleiß und Demut ein Abbild des Paradiesgartens geschaffen werden könne.

Arno Borst hat davon gesprochen, dass Walahfrid »statt von Nutzpflanzen im Gemüsegarten von Heilkräutern im Wurzgarten« gehandelt habe; ein von den Zeitläuften enttäuschter und früh gealterter Mönch habe sich in seinen *hortulus* zurückgezogen, um dort ein stilles Leben, eine *vita tranquilla* zu führen, wie es gleich in der ersten Zeile des Werks heißt. Gewiss, der fleißige Gärtner fährt als Lohn für seine Arbeit reiche Ernte ein, aber er muss geduldig und beharrlich gegen vielerlei Unbill ankämpfen. Denn auch das Gartenbeet birgt wie die große Politik zerstörerisches Potenzial. So wird gleich eingangs ein Übel erwähnt, an dem der Salbei leide: Die wilden Samen der Blüten keimten so stark, dass sie ohne den Eingriff des Gärtners die alten Triebe überwucherten und absterben ließen.

Gewidmet ist das Werk seinem alten und verlässlichen Freund, dem Abt Grimald von Weißenburg und St. Gallen, von dem Walahfrid hoffte, dass er im Schatten eines Obstbaumes mit laubreicher Krone die Verse lesen werde. Am Ende des Buches über den Gartenbau führt der Abt die Leser in einen geschützten Garten, der als *locus amoenus*, als idealer Ort, beschrieben wird, in dem die jungen Klosterschüler reife Früchte einsammeln. Die Zukunft legt der gärtnernde Abt in die Hände der nächsten Generation, die – wie einst er selbst – die mönchische Bildung in einer Klosterschule erfahren sollte.

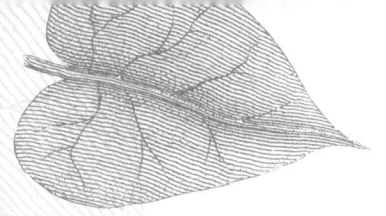

Der Lindenbaum: Franz Schubert

Die Linde ist tief im kulturellen Gedächtnis verwurzelt. Der hohe Baum mit herzförmigen, gesägten Blättern, duftenden Blüten und einer mächtigen Krone waren den Menschen seit frühesten Zeiten von vielfachem Nutzen. Die Griechen und Römer unterschieden bereits die Sommer- (*Tilia platyphyllos*), die Winter- (*Tilia cordata*) und die Silberlinde (*Tilia tomentosa*). Der Baum diente, wie Plinius der Ältere bemerkte, »tausend Zwecken«: Das weiche helle Holz, das oft einen Stich ins Rötliche hat, ist gut zu bearbeiten und diente der Herstellung von Kisten und Truhen, aber auch von Schreibtafeln und Bechern. Nicht nur in der Spätgotik war es bei Bildhauern beliebt. Die Rinde wiederum nutzte man zur Abdeckung von Dächern. Aus dem Bast wussten geschickte Hände Seile und Taschen, Matten und Körbe anzufertigen, bis Leinen und Hanf an seine Stelle traten. Imker wiederum schätzen seit alters die Linde als Bienenweide, deren Blüten den Insekten reichlich Nahrung geben, und aus getrockneten Lindenblüten wird ein schweißtreibender Tee aufgegossen, der bei Erkältungen Besserung verspricht.

Tief greifende und weit verzweigte Wurzeln geben der Linde genug Halt, um auch starken Stürmen zu trotzen. An Stamm und Stock schlägt der robuste Baum leicht aus. So kann er ein hohes Alter erreichen, und Exemplare, die 400 bis 500 Jahre zählen, sind keine Seltenheit. Die Linde von Schenklengsfeld, einem Dorf in der Nähe von Bad Hersfeld, soll über 1000 Jahre alt sein. Auf dem Heiligenberg bei Jugenheim steht eine »Zentlinde«, eine

Tilia platyphyllos, deren Alter auf 800 Jahre geschätzt wird. Deshalb überrascht es nicht, dass an vielen Orten einzelne Bäume verehrt und ihnen besondere Kräfte zugeschrieben wurden. Zahlreiche Geschäfte verhandelte man unter den ausladenden Ästen alter Gerichtslinden. Unter der Dorflinde tanzte die Jugend und ruhte das Alter. Im deutschen Kaiserreich und in der Habsburger Monarchie pflanzte man Linden, um Herrschergeburtstage, Regierungsjubiläen und militärische Triumphe zu feiern.

Wenn ein Herz aus Liebe höher schlug, war meist ein Lindenbaum nicht weit. Das alte Ehepaar Philemon und Baucis wurde, wie man in Ovids Metamorphosen nachlesen kann, in zwei Bäume verwandelt: Philemon in eine Eiche, Baucis in eine Linde. Walther von der Vogelweide stellte das Bett der Verliebten in freier Natur unter einer Linde auf. Goethes Werther wollte, wie er vor seinem Selbstmord bestimmte, auf dem Kirchhof im Schatten von zwei Lindenbäumen beerdigt werden.

Liebe und Linde finden auch in Franz Schuberts Lied vom Lindenbaum zusammen. Wer kennt es nicht? Die Hauptmelodie ist eingängig, die Dur-Tonart, die einfachen Triolen und Tonleitern sind ideale Voraussetzungen, dass es zu einem erfolgreichen Volkslied wurde: »Am Brunnen vor dem Tore, / Da steht ein Lindenbaum; / Ich träumt' in seinem Schatten / So manchen süßen Traum.« Das Lied ist Teil der *Winterreise*, eines berühmten Zyklus, dessen Gedichte Wilhelm Müller verfasst hatte, der von den Romantikern Clemens Brentano, Achim von Arnim und Novalis beeinflusst worden war. Der gebürtige Dessauer war ein glühender Philhellene und unterstützte den griechischen Unabhängigkeitskampf mit der Feder. Als Literat wurde er bereits von seinen Zeitgenossen nicht sonderlich geschätzt, erlangte aber unsterblichen Ruhm, als Franz Schubert seine Gedichte vertonte. Dichter und Komponist lernten sich persönlich nie kennen; beide starben in jungen Jahren: Müller 1827 mit 32, Schubert 1828 mit 31 Jahren.

Die *Winterreise* besteht aus 24 Liedern, deren fünftes vom *Lin-*

denbaum handelt. Auch hier wird, wie auf der gesamten Reise, das lyrische Subjekt von Pein getrieben: »Ich musst' auch heute wandern / Vorbei in tiefer Nacht, / Da hab' ich noch im Dunkel / Die Augen zugemacht.« Der Wanderer schneidet in die Rinde des Lindenbaumes »so manches süße Wort«; in »Freud' und Leid« zieht es ihn immer wieder zu dem Baum: »Und seine Zweige rauschten, / Als riefen sie mir zu: Komm' her zu mir, Geselle, / Hier findst du deine Ruh'!« Die gequälte Seele sehnt sich nach dem Tod. Den idealen Ort für seine letzte Ruhe hat er bereits gefunden. Kalte Winde blasen ihm ins Angesicht, und schließlich fliegt ihm der Hut vom Kopf. Er wendet sich nicht um, aber er weiß um das Ziel seiner Reise, die ihn nicht zu seiner Geliebten zurückführen wird, sondern seinem Leiden an der Welt ein Ende setzen soll: »Nun bin ich manche Stunde / Entfernt von jenem Ort, / Und immer hör' ich's rauschen: / Du fändest Ruhe dort!«

Das Rauschen des Lindenbaums haben viele gehört, so auch Thomas Mann. Im *Zauberberg* summt Hans Castorp dieses Lied vor sich hin, als das »Weltfest des Todes«, der Erste Weltkrieg, ausbricht. Heute bemüht niemand mehr die Linde als Symbol eines romantischen Todeskultes, und in ihre Rinde werden kaum noch die Namen der Geliebten geritzt. Der Österreichische Baum des Jahres 2021 ist inzwischen zu einem Zeichen der Hoffnung geworden. Denn es scheint, als trotzten Lindenbäume – vor allem Winter- und Silberlinde – dem Klimawandel, da sie flexibel auf die unterschiedlichen Herausforderungen reagieren, die Boden, Luftqualität und Temperatur an sie stellen.

Komm in den totgesagten Park:
Stefan George

Park und Garten sind Refugien der Seele. Dieses Thema wird an der Wende vom 19. zum 20. Jahrhundert in einem der bekanntesten Gedichte der deutschen Literatur variiert. Die Rede ist von Stefan Georges Eröffnungsgedicht einer Sammlung, die den Titel *Das Jahr der Seele* trägt und im November 1897 veröffentlicht wurde. Unter der Überschrift *Nach der Lese* setzt die Anthologie mit Herbstgedichten ein, in denen bereits der zeitgenössische Soziologe Georg Simmel den »Gipfel des Anti-Naturalismus« erreicht sah. Hier sei ein »reines poetisches Kunstwerk« geschaffen worden, das den Leser in eine artifizielle Welt entführe.

»Komm in den totgesagten park und schau: / Der schimmer ferner lächelnder gestade / Der reinen wolken unverhofftes blau / Erhellt die weiher und die bunten pfade. // Dort nimmt das tiefe gelb, das weiche grau / Von birken und von buchs, der wind ist lau, / Die späten rosen welkten noch nicht ganz, / Erlese küsse sie und flicht den kranz. // Vergiss auch diese lezten astern nicht, / Den purpur um die ranken wilder reben, / Und auch was übrig blieb vom grünem leben / Verwinde leicht im herbstlichen gesicht.«

Die Verse über den totgesagten Park haben Generationen von Leserinnen und Lesern in ihren Bann gezogen. Hier sei der Herbst dargestellt, schrieb der Fin-de-siècle-Autor Hugo von Hofmannsthal, und es sei schön. Gottfried Benn erklärte das Werk in seinem

Vortrag über »Probleme der Lyrik«, den er 1951 an der Universität Marburg hielt, zu einem der »schönsten Herbst- und Gartengedichte« dieses Zeitalters: »Drei Strophen zu vier Reihen, diese faszinieren kraft ihrer Form das Jahrhundert.«

Der Dekadenz des Fin de siècle hatte George eine Absage erteilt. Schönheit entsteht gerade nicht aus ihrem Verfall. Der Park ist nur totgesagt, denn das Grüne lebt auch in dieser Spätzeit. Birken und Buchs faszinieren den Betrachter, der laue Wind lädt zum Verweilen ein, die letzten Blüten der Rosen ziehen die Blicke auf sich. Die Natur zeigt sich durchaus prachtvoll, auch wenn die vollen, leuchtenden Farben des Sommers vergangen sind. Dem herbstlichen Park verleihen andere Töne und Schattierungen einen besonderen Reiz. Die Farben sind sanft: das tiefe Gelb, das weiche Grau, die Purpurtöne des wilden Weins. Die Astern strahlen an einem sonnigen Platz in vielfältigen Farben. Und das »unverhoffte Blau« des Himmels verstärkt die melancholische Stimmung, die in dieser Jahreszeit über dem Park liegt.

George machte in seiner Gedichtsammlung den Wechsel der Jahreszeiten zum Gegenstand, überging aber den Frühling. Statt dessen setzte er mit dem Herbst ein, es folgte der Winter, und dann tritt schon der Sommer seinen Siegeszug an. Im *Jahr der Seele* rezipierte er die romantische Landschaftsdichtung des 19. Jahrhunderts, um seinen Gefühlen und Wahrnehmungen Ausdruck zu verleihen. Doch die traditionellen Formen und Figuren fügte er völlig neu zusammen. Die lyrischen Farben, die er benutzte, gefielen allein schon deshalb, weil sie dem Geschmack des Bürgertums entsprachen, das zurückhaltende Töne bevorzugte und grelle Lichtquellen vermied, wie ein flüchtiger Blick in die Wohnzimmer des Kaiserreichs bestätigt.

Die geschaffene Struktur und künstliche Anmut des Parks verewigte der Dichter in vollendeten Versen, die der unmittelbaren Naturerfahrung der zeitgenössischen Avantgardisten eine klare Absage erteilten. George sprach das urbane, gebildete Publikum an, das auch deshalb entzückt war, weil es in dem romantischen Naturgedicht zugleich ein persönliches Erlebnisgedicht entdeckte, das durch die gemeinsame ästhetische Erfahrung das Individuum in einen größeren Kreis von Gleichgesinnten integrierte.

Die Autonomie der Kunst manifestiert sich im Park wie im Gedicht. Beide sind nach festen Regeln vom Menschen gemacht. Die innere Ordnung bändigt die ungestümen Triebe und begrenzt die wahllose Beliebigkeit. Schon Karl Wolfskehl, der damals zusammen mit George die *Blätter für die Kunst* herausgab, sprach von »Form, Geschlossenheit, Organisation«, die sich gegen all das »heute so beliebte Zerfließen in chaotische Stimmungsseligkeit« wandte. Dafür ist auch Auswahl, oder in Georges Diktion: »erlesen« notwendig – im Garten wie in der Kunst. Auf diese Weise finden Literatur und Natur zusammen. Was bleibt also vom Leben? Nur das Kunstwerk.

Gartenimpressionen:
Gustav Klimt

Am 1. März 2017 wechselte Gustav Klimts *Bauerngarten* für 48 Millionen Pfund den Besitzer. Sotheby's hatte vor der Auktion den Preis auf 35 Millionen geschätzt. Das Gemälde, das erstmals auf der berühmten Wiener Kunstschau von 1908 ausgestellt worden war, hing lange Zeit als Leihgabe in der Prager Nationalgalerie. 1970 erwarb der Schweizer Sammler Gustav Rau das Bild, der es 24 Jahre später für 3,7 Millionen Pfund bei Christie's an einen vermögenden Kanadier verkaufte. Es lohnt, in die klassische Moderne zu investieren.

Der 1907 gemalte Bauerngarten ist ein Meisterwerk der Wiener Fin-de-Siècle-Kunst. In komplementären Farben hat der 1862 geborene Klimt ein leuchtendes Blumenbeet auf der Leinwand verewigt. Inspiriert hatte ihn ein Garten am Attersee im Salzkammergut, wohin er seit 1900 zur Sommerfrische fuhr, um der Hitze der Wiener Straßenschluchten zu entfliehen. Mohn und Astern, Rosen und Zinnien, Gänseblümchen und Dahlien sind vor einem grünen Hintergrund in feinen Farbabstufungen präsentiert. In der Mitte des Gemäldes ziehen die blauen Blüten des Vergissmeinnichts die Blicke der Betrachter auf sich. Die strahlenden Blumen sind in dreieckigen Gruppen von unterschiedlicher Größe angeordnet, ohne dass diese Verdichtung der lebendigen Natürlichkeit der imaginierten Gartenlandschaft Abbruch tun könnte. Mit dem quadratischen Bildformat, das Klimt von Claude Monet übernommen hatte, distanzierte sich der Wiener Künstler von der traditionellen perspektivischen Landschaftsmalerei und eröffnete dem Betrachter die Möglichkeit zu meditativer Kontemplation. Die atmosphärische Kraft der Farben verbindet sich auf eindrucksvolle Weise mit einem feinen Gespür für die geometrische Form der Blütenarrangements.

Nicht nur in diesem Meisterwerk hat Klimt Blumen unterschiedlicher Farbe, Größe und Leuchtkraft zusammengeführt, um in der vermeintlich zufälligen Anordnung der Blüten die makellose Perfektion der ungebändigten Natur abzubilden. Die vergängliche Vegetation des Gartens wurde durch das künstlerische Schaffen der Zeitlichkeit entzogen und einer Welt, die sich ständig wandelte, dauerhaft anvertraut.

Der »Künstler des ewigen Blühens«, wie ein Zeitgenosse, der Journalist Ludwig Hevesi, Klimt nannte, schuf allein während seiner Aufenthalte am türkisblauen Attersee zwischen 1900 und 1916 über 40 Gemälde, die bunte Wiesen und blühende Obstbäume, majestätische Alleen und lichte Wälder darstellen. Klimt war auf der Suche nach einem Garten, dessen vielfältige Blütenpracht und üppige Vegetation den idealen Lebensraum repräsentierte. Ein solches Paradies, das er im Salzkammergut gefunden zu haben glaubte, erlaubte den geordneten Rückzug aus dem hektischen Getriebe der rasch wachsenden österreichischen Metropole. Kunst und Leben mussten neu zusammenfinden. Also entwarf Klimt für seine Partnerin, die Modedesignerin Emilie Flöge, die ihn regelmäßig an den Attersee begleitete, wallende Kleider, die er mit floralen Mustern verzierte und die seine Bilder unmittelbar nachahmten.

Die mit impressionistischen wie pointillistischen Techniken realisierte Dialektik von Ordnung und Unordnung, von Natürlichkeit und Gestaltung ist Teil eines Aufbruchs in die Moderne, der indes nicht nur den avantgardistischen Maler Klimt, sondern eine ganze Generation von Künstlern, Schriftstellern und Intellektuellen um 1900 erfasste. Gärten wurden zu einem Experimentierfeld sozialer und kultureller Projekte. Gesellschaft und Individuum mussten sich gleichermaßen verändern, um die als defizitär empfundene Gegenwart zu überwinden. Das Verhältnis von Mensch und Natur war neu zu definieren. Der Wunsch, in den Garten Eden zurückzukehren, prägte auch Gärtner und Landschaftsarchitekten, die sich, wie es damals hieß, der Reform der Gartenkunst verschrieben hatten. Sie lehnten die Perspektivität des englischen Landschaftsgartens ab, rehabilitierten einzelne geometrische Gestaltungsformen und feierten die Blütenpracht in Beeten und Rabatten, die immer öfter zahlreiche Stauden zierten. Teppich bildende Bodendecker waren jetzt verpönt. Grundsätzlich sollte auf das natürliche Vorkommen der Pflanzen geachtet und ihre charakteristischen Erscheinungen respektiert werden.

Die Bauerngärten, die auch Klimt, obwohl er nie selbst gärtnerte, so sehr faszinierten, lieferten der Reformbewegung wichtige Anregungen. Die neue Begeisterung für Blumen verlangte neue, architektonische Strukturen, um die Pflanzen standortgerecht und effektvoll gruppieren zu können. Farbe und Vielfalt waren gefragt. Der blühende Garten im frei stehenden Stadthaus oder im sommerlichen Landhaus verwandelte sich in einen bürgerlichen und künstlerischen Sehnsuchtsort, in dem die Herausforderungen der aufziehenden neuen Epoche bewältigt werden sollten – wie Klimt im März 1916 an Emilie Flöge schrieb: »Krokus blüht im Garten, dass der Boden einem Sternenhimmel gleicht! Und das Gemüt erhellt sich und der Mut und die Kraft!«

Ein Kräuterpfarrer:
Johann Künzle

Zwischen 1918 und 1920 wütete die »Spanische Grippe«. In drei Wellen kam sie über die Welt. An dem aggressiven Virus starben deutlich mehr Menschen als auf den Schlachtfeldern des Ersten Weltkrieges. Die Mutter aller Pandemien soll fünfzig, vielleicht sogar hundert Millionen Tote gefordert haben. Eine kurative Therapie gab es ebenso wenig wie eine effektive Prävention. Allein in der kleinen Schweiz waren 25 000 Opfer zu beklagen. Doch die Gemeinde Wangs im St. Galler Oberland trotzte der globalen Seuche: Die Einwohner waren angeblich immunisiert, weil sie einen Tee aus Stechpalmenblättern, Schließgras- und Angelikawurzel, Wiesensalbei, Wasserhanf und Wermut tranken, den Johann Künzle verordnet hatte, ein Kräuterapostel in schwarzer Kutte und mit weißem Bart. Der katholische Pfarrer stand seiner Gemeinde im irdischen Jammertal nicht nur mit Fürbitten bei, sondern setzte seine goldene Taschenuhr als Pendel ein, um gesundheitliche Gebrechen aufzuspüren. War eine Krankheit diagnostiziert, verordnete er Tees und Pastillen, Salben und Badezusätze.

Seine Anhänger verehrten den 1857 geborenen charismatischen Gottesmann als Wunderdoktor; die zünftige Medizin verurteilte ihn als Scharlatan. Der Erfolg sprach für ihn. Die Fragen, die damals die Gemüter bewegten, sind bis heute geblieben, und in der Corona-Pandemie scheinen sie aktueller denn je: In welchen Fällen ist die Phytotherapie hilfreich? Wie ist ihr Verhältnis zur Schulmedizin? Kann man Krankheiten durch Radiästhesie aufspüren? Sollen auch Nichtmediziner therapieren dürfen?

Künzle attackierte zu Beginn des letzten Jahrhunderts den Hochmut der Gebildeten und pries das überkommene Wissen der Bauern. Politisch war er vom Kulturkampf des 19. Jahrhunderts geprägt und vertrat erzkonservative Positionen; doch sein ganzheitlicher Ansatz, der Leib und Seele heilen wollte, war modern und gilt vielen noch heute als vorbildlich.

Kräuterpillen und Teemischungen machten den Priester zu einem reichen Mann, der andere an seinem Wohlstand teilhaben ließ. In Wangs bei Sargans, wo Künzle zwischen 1909 und 1920 wirkte, konnte ein Kurhaus errichtet, ein Volksbad gebaut und ein Kräutermarkt abgehalten werden. 1939, sechs Jahre vor seinem Tod, gründete der geschäftstüchtige Pflanzendoktor mit einer Nichte im Bündnerland die Kräuterpfarrer Künzle AG; der Markenname lebt bis zum heutigen Tag fort.

Bereits 1911 hatte Künzle seine gerade einmal 64 Seiten umfassende Kräuterfibel *Chrut und Uchrut* veröffentlicht, die ihn berühmt machte. Unkräuter, auch die »gemeinsten und verachtetsten«, werden hier zu Heilkräutern. Den »Wegerich« (*Plantago*), so ist zu lesen, habe »der liebe Gott an alle Wege gestreut, in alle Wiesen und Raine gesetzt, damit wir ihn stets bei der Hand haben.« Seine Wurzeln, Blätter, Blüten und Samen sollen wie kein zweites Kraut Blut, Lunge und Magen reinigen, und gegen Gicht hilft sein Honig. Künzles Kräuterapotheke wurde zu einem Bestseller. Von dem Bändchen verkauften sich über zwei Millionen Exemplare; auch italienische, französische und rätoromanische Übersetzungen erreichten ein großes Publikum. Seit 2008 liegt es in einer aktualisierten und erweiterten Neuauflage vor, die in Corona-Zeiten wieder stark gefragt ist.

Walter Benjamin spürte in einer längeren Besprechung, die 1931 in dem Literaturblatt der »Frankfurter Rundschau« erschien, am Beispiel von *Chrut und Uchrut*, von dem damals bereits eine

Dreiviertelmillion Exemplare ihre Käufer gefunden hatten, den Gründen großer Bucherfolge nach. Der deutsche Kulturkritiker und Philosoph, der 1919 an der Universität Bern promoviert worden war, sah in dem Heft einerseits das Produkt eines überhitzten und reizüberfluteten Marktes, der unablässig Bücher produziere und in dem nur noch die Auflagenhöhe zähle. Andererseits fand er in dem Bestseller die sozialen und kulturellen Dichotomien der Schweizer Gesellschaft seiner Zeit gespiegelt: Stadt und Land, Fortschritt und Tradition, Veränderung und Beharrung. Nicht der »hochmütige Formelkram der Studierten«, sondern die befreiende »Wissenschaft aus dem Bauernstand« versprach Heilung; die Leiden lindernde Mixtur bestand aus einem »Schuss Deismus« und einem »Schuss Ionentherapie«. Für heisere Professoren gab es einen besonderen Tee, der auch Predigern, Lehrern und Offizieren empfohlen wurde, Personen mithin, die viel und laut daherredeten. Der kluge Bauer indes brauchte dieses Mittel nicht: Er schwieg.

Monk's House:
Die Gärten der Virginia Woolf

D ie Gartenarbeit verrichtete sie in »a queer sort of enthusiasm«. So zumindest war es zu lesen: »Den ganzen Tag Unkraut gejätet und die Beete fertig gemacht, in einer seltsamen Art von Begeisterung, die mich dazu brachte zu sagen, das ist Glück.« Tatsächlich verwandte die britische Schriftstellerin Virginia Woolf wenig Zeit aufs Gärtnern. Sie war ein Großstadtkind, nicht gewohnt, gegen widerborstige Unkräuter zu kämpfen und feuchte Erde unter den Fingernägeln zu haben. Sie saß lieber in der Writing Lodge und beschrieb das blühende Paradies, deren Pflege sie meist ihrem Ehemann überließ.

Virginia und Leonard Woolf, die gemeinsam den Verlag Hogath Press betrieben, ersteigerten 1919 in Rodmell, einem Dorf in East Sussex, ein Cottage aus dem 16. Jahrhundert für 700 Pfund, nachdem sie gerade den Roman *Ulysses* von James Joyce abgelehnt hatten. Beim Hauskauf bewiesen sie größeres Geschick: Das alte, mit Schindeln verkleidete Gebäude hatte Charme, und der etwa 3000 m² große Garten war zum Verlieben. Zwei mächtige Ulmen begeisterten auch die Freunde, die bald in Scharen kamen und die Bäume Virginia und Leonard nannten.

An der Gestaltung des Gartens hatten beide Anteil. Nahe beim Haus, geschützt von Mauern, entstand ein floraler Garten, dessen bunte Blütenpracht die Betrachter das ganze Jahr erfreute. Ebenso groß war der Gemüsegarten, der nicht nur die eigene Küche, sondern auch den lokalen Markt versorgte. In drei Gewächshäusern konnte der Hausherr seiner Liebe für exotische Pflanzen nachgehen, die über das Jahr auch das Haus schmückten. Fehlen durfte natürlich nicht der englische Rasen, auf dem man mit Freunden angeregte Gespräche führen oder Bowls spielen konnte. Am südlichen Ende des Gartens stand Virginias Refugium; das Fenster des weißen Pavillons gab den Blick frei auf eine herrliche Obstwiese: Wenn die Bäume im Frühjahr in Blüte standen, war sie von unzähligen Narzissen übersät.

Als das Ehepaar »Monk's House« ersteigerte, war Virginia 37 Jahre alt und hatte ihre ersten Texte veröffentlicht. Der literarische Erfolg stellte sich erst Jahre später ein, als sie 1928 mit *Orlando* die fiktive Biographie ihrer zehn Jahre jüngeren Freundin Vita Sackville-West schrieb, die damals häufig von ihrem Landsitz Sissinghurst in Kent nach Sussex kam. Mit der exzentrischen Aristokratin, renommierten Dichterin und innovativen Landschaftsarchitektin verbanden Virginia nicht nur hortikulturelle Leidenschaften. Gemeinsam befreite man sich von den sexuellen Konventionen der viktorianischen Epoche. Ihre politischen und sozialen Ideen teilten die beiden Frauen mit Schriftstellern, Künstlern und Intellektuellen, die sich regelmäßig im Haus von Virginias Bruder, Thoby Stephen, im Londoner Stadtteil Bloomsbury trafen. Wenn die »Bloomsbury Group« aufs Land fuhr, dann schaute man entweder im Monk's House in Rodmell oder im nahe gelegenen Charleston Farmhouse vorbei, das Virginias Schwester, die Malerin Vanessa Bell, zusammen mit ihrem Geliebten Duncan Grant gemietet hatte. Auf ihrem Weg in die Moderne erprobten die Mitglieder des Kreises aber nicht nur die freie Liebe, sondern diskutierten auch neue Gartenkonzepte. Die große alte Dame der englischen Gartenkunst, Gertrude Jekyll, wurde jetzt als dick und brummig verspottet.

Als der Zweite Weltkrieg ausbrach, zogen sich Virginia und Leonard Woolf ganz in ihr Cottage zurück. Doch den Bedrohungen und Extremen der Zeit konnten sie auch in ihrem ländlichen Idyll nicht entgehen. Gemeinsam schmiedeten sie Selbstmordpläne für den Fall, dass die Nationalsozialisten Großbritannien erobern sollten, denn Leonard war Jude und Sozialist. Doch es kam anders: Virginia Woolf ertränkte sich im nahen Fluss Ouse; die Depressionen, an denen sie seit langem litt, hatten über sie gesiegt. Ihr Ehemann setzte ihre Asche unter der Ulme bei, die ihren Namen trug. Heute erinnert nur noch eine bronzene Büste auf einer seitlichen Mauer an diesen Ort. Mit ihr vereint ist ihr Ehemann Leonard, der noch 28 Jahre in Monk's House lebte und 1969 verstarb. Auch seiner gedenkt eine Bronzebüste. Das Ulmenpaar ist hingegen längst verschwunden: Die eine fiel einem Sturm zum Opfer, die andere dem Ulmensterben.

Die Gartensiedlung: Paul Klee

In der Kunsthalle Mannheim ist Paul Klees abstraktes Gemälde *Gartensiedlung* aus dem Jahr 1922 zu bestaunen. Warme und dunkle Rottöne springen dem Besucher sofort ins Auge. Ein Liniengerüst ist über die Farbflecken gesetzt, das die Komposition formal und inhaltlich strukturiert, aber je nach Perspektive die Fläche unterschiedlich gliedert. Grün findet kaum Verwendung, was den Betrachter auf den ersten Blick überraschen mag, soll doch eine Gartensiedlung abgebildet sein. Aber Kunst gibt für Klee nicht das Sichtbare wieder, sondern macht sichtbar. Mit Ölfarben, die auf einen mit Gips grundierten und mit Baumwollgaze überzogenen Karton aufgetragen sind, wird eine neue Realität geschaffen, genauer: die Realität abgebildet, die der Künstler wahrgenommen hat.

1920 hat Walter Gropius den bekannten Maler an das Staatliche Bauhaus in Weimar berufen. Dort unterrichtete er nicht nur, sondern setzte sich mit kunsttheoretischen Fragen auseinander. Im Mittelpunkt standen Fläche und Farbe, Punkt und Linie, Kontrast und Perspektive. 1923 wird sein Aufsatz über *Wege des Naturstudiums* im Katalog der Bauhauswoche erscheinen, in dem er über die künstlerische Umsetzung der gegenständlichen Welt in eine ungegenständliche Bildsprache nachdenkt.

Klee fordert eine »Synthese von äußerem Sehen und innerem Schauen«. Im Kunstwerk müssen sich »manuelle Gebilde« formen, »die vom optischen Bild eines Gegenstandes total abweichen und doch, vom Totalitätsstandpunkt aus, ihm nicht widersprechen«.

Die *Gartensiedlung* entsteht auf dem Höhepunkt seiner Auseinandersetzung mit den Möglichkeiten bildnerischer Gestaltung und der Reflexion über das Verhältnis von natürlicher und künstlerischer Schöpfung.

Seit seiner Reise nach Tunis unmittelbar vor dem Ausbruch des Ersten Weltkrieges 1914 hatte Klee mit farbigen Feldern als Ausdrucksmittel experimentiert. War er zunächst noch von realen Formen ausgegangen und hatte gegenständliche Elemente integriert, löste er sich sukzessive von den natürlichen Vorbildern. Mit einfachen Strichen wurden die Objekte auf Grundformen reduziert, und durch die Farbgebung konnte die Bildfläche rhythmisiert werden.

Der Garten war Klee seit seiner Jugendzeit in Bern der ideale Ort, um Wachstum und Veränderung, Geordnetes und Akzidentielles, Vergänglichkeit und Dauer in der Natur exakt zu studieren. Die vielfältigen Beobachtungen finden sich in Aberhunderten von Werken wieder, die über seine gesamte Schaffensperiode hinweg dem Thema Garten gewidmet sind und seine künstlerische Entwicklung spiegeln. Das Bild aus der Mannheimer Kunsthalle bestätigt, dass Klee zu diesem Zeitpunkt natürliche Prozesse wie Wachstum, Blüte, Geruch und Bewegung in der Natur mit den Gestaltungsprinzipien der abstrakten Malerei erfassen wollte. Kunst macht sichtbar und erlaubt es, weitere Aspekte und tiefere Dimensionen zu erkennen. Der Künstler ist Mittler, der dem Nicht-Sichtbaren Ausdruck und Form verleiht. »Der Gegenstand erweitert sich über seine Erscheinung hinaus durch unser Wissen um sein Inneres. Durch das Wissen, dass das Ding mehr ist, als seine Außenseite zu erkennen gibt«, schrieb Klee 1923.

Klee setzte harmonisierende Farben nebeneinander und reduzierte die einzelnen Gebäude und Grünflächen der Gartensiedlung auf wenige Grundformen. Linien und Flächen halten den Blick des Betrachters in Bewegung, bringen die Gärten zugleich aber in eine bestimmte Ordnung. Unterschiedliche Farben der Vegetation sind festgehalten. Man glaubt, das Blühen und Wachsen auf bisher unbekannte Weise zu erkennen. Die Form- und Farbexperimente des Künstlers, die seine individuelle Wahrnehmung spiegeln, erlauben es, den Garten ständig neu zu entdecken. Denn die ungegenständliche Gartenlandschaft verändert sich im Auge des Betrachters permanent.

Die Begrenzungen der Gärten sind nicht eindeutig gesetzt. Bäume, Sträucher und Blumenbeete repräsentieren eine offene Struktur. Das Liniennetz unterstreicht den Eindruck eines dynamischen Ineinanders der einzelnen Flächen. Der Betrachter ist geneigt, in diesem Bild aus dem Jahr 1922 eine Anspielung auf eine urbane Siedlungsform zu sehen, die im frühen 20. Jahrhundert zunächst in Großbritannien, dann aber auch in Deutschland propagiert wurde: die Gartenstadt oder Gartensiedlung. Sozialemanzipatorische und lebensreformbewegte Motive fanden hier zusammen: Außerhalb der städtischen Zentren sollte durch serielle Fertigung der Häuser kostengünstiger Wohnraum im Grünen entstehen, der ein gesundes und naturverbundenes Leben ermöglichte. Diese Idee dürfte auch dem damals am Weimarer Bauhaus lehrenden Paul Klee gefallen haben.

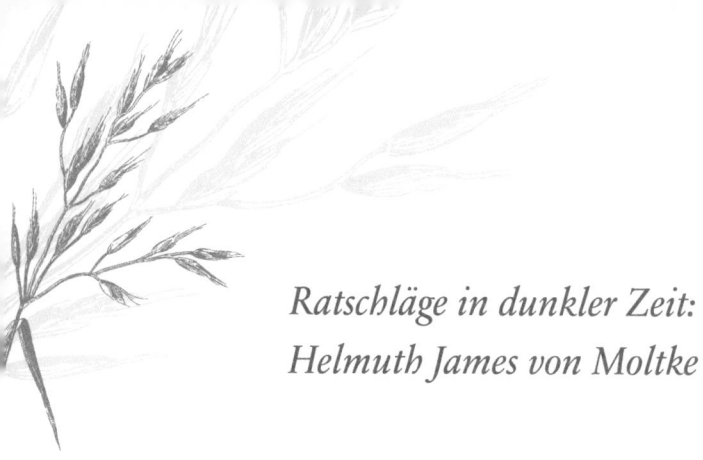

Ratschläge in dunkler Zeit:
Helmuth James von Moltke

Wenn ich jetzt nachts aufwache, fallen mir plötzlich die blühenden Obstbäume ein. Der Garten war und ist Zufluchtsort in dunklen Zeiten. Helmuth James von Moltke dachte im Konzentrationslager Ravensbrück oft an Feld und Haus, an Wiesen und Gärten seines schlesischen Guts Kreisau. Am 19. Januar 1944 hatte die Gestapo den Urgroßneffen von Helmuth von Moltke, dem Chef des preußischen Generalstabs während der deutschen Einigungskriege, verhaftet. Er hatte kurz zuvor einen Freund vor der bevorstehenden Verhaftung gewarnt.

Während der Wochen und Monate in der Haft riss der Kontakt zu seiner Frau Freya nicht ab. Beide verband die Liebe zu Gartenpflege und Feldarbeit, zu Forstwirtschaft und Tierhaltung. Wie oft sahen beide sich in Gedanken gemeinsam über die Felder gehen. Auch hinter den Gefängnismauern versuchte der »Schutzhäftling« das Leben im Rhythmus der Natur zu führen. Es war ein gutes Leben, das sich draußen abspielte: Im Frühling stellte Helmuth James sich den Garten vor, wie er aus dem Winterschlaf erwachte. Im Mai verzeichnete er heiße, schwüle und windstille Tag und hoffte, dass die Baumblüte an den Eisheiligen nicht durch einen Spätfrost geschädigt werde. Im Spätjahr sollten junge Christbäume eingeschlagen und den Bewohnern des Dorfes kostenlos zur Verfügung gestellt werden.

Helmuth James und seine Frau Freya hingen an dem Gutshof.

Kurz nach seiner Verhaftung beschrieb er in einem langen Brief an seine beiden kleinen Söhne den Park des Schlosses, wie er ihn als Kind erlebt hatte. Dem vorderen Grün gaben Blumenrabatten Struktur; die Rasenflächen waren von runden Beeten in der Mitte aufgelockert. Die gelben, herrlich duftenden Maréchal-Niel-Rosen wuchsen zusammen mit Weintrauben in einem Glashaus, in dem im Winter auch die Topfpflanzen auf einem großen treppenartigen Gestell Platz hatten.

Die beiden hinteren Gärten dienten dem Gemüseanbau; und aus einem Treibhaus kamen täglich Blumen und frisches Gemüse. Die Kinder bestellten eine eigene kleine Parzelle, deren Erträge sie an ihre Mutter Dorothy, die britischer Abstammung war, verkaufen durften. Der Park wiederum zog sich an dem kleinen Fluss Peile entlang, wurde durch Baumgruppen und Einzelbäume gegliedert und war mit Statuen nach antiken Vorbildern verziert. Florale Pracht gab es zu jeder Jahreszeit; zwei Mal die Woche schmückten die Gärtner am frühen Morgen das ganze Haus mit neuen Topfpflanzen.

Doch die Jahre, in denen man auf Kreisau unbeschwert den Alltag eines ostelbischen Junkers genießen und englische Lebensart zelebrieren konnte, waren schon lange vorbei. 1928 musste Helmuth James sein Jura-Studium unterbrechen, um das Gut, das sein Vater heruntergewirtschaftet hatte, wieder flott zu machen – ohne agrarwissenschaftliche Ausbildung oder landwirtschaftliche Lehre. Seit den dreißiger Jahren konnten sich die Moltkes den Unterhalt des Schlosses nicht länger leisten und wohnten etwas außerhalb in einem größeren Einfamilienhaus.

Trotz aller Fürsorge für den Familienbesitz entschied sich Helmuth James bewusst gegen einen dauerhaften Rückzug aufs Land: Er stand zur politischen Verantwortung des Bürgers. Nach 1933 wurde er zu einem scharfsichtigen und kompromisslosen Gegner des nationalsozialistischen Systems und scharte eine Widerstandsgruppe um sich, die sich in Kreisau konstituierte und nach dem

Gut benannt wurde; gegen das »cäsaristische Regime« Hitlers sollte die Idee eines vereinten Europa verteidigt werden, das auf den Werten des christlichen Humanismus beruhte.

Angesichts der totalitären Bedrohung der Weltordnung war der Kreisauer Garten eine den Zeitläuften konträre Heterotopie, ein imaginierter Sehnsuchtsort, an den zurückzukehren Helmuth James für immer verwehrt blieb. Um so wichtiger waren Freyas Besuche und Briefe, denn mit ihnen fanden »Garten und Bienen, Felder und Wald« Eingang in das Gefängnis. Freya schickte neben Seife und sauberer Wäsche regelmäßig nahrhaftes Gemüse aus dem eigenen Anbau in das Lager. Salat, Gurken, Radieschen und Tomaten sättigten den hungrigen Gefangenen, aber auch ein Blumenstrauß überwand die Mauern. Helmuth James steckte ihn in den Abwasserbehälter unter dem Fenster und zeigte sich erfreut, wie sehr er die karge Zelle schmückte. Anfang Mai war er vom herben, festen Geschmack eines Apfels so angetan, dass er einen stark wachsenden Wildling mit der Sorte, die sich offenbar hervorragend zum Lagern eignete, veredeln wollte. Zu Pfingsten erwartete er ungeduldig die Fliederblüte. Den Sommer versüßte ein Körbchen Erdbeeren. Im Oktober schenkte der Garten seine letzten Blüten; Freya berichtete, dass sie dem ältesten Sohn aus Zinnien, Löwenmäulchen und Tagetes einen Kranz geflochten hatte, und auf dem Geburtstagstisch stand »eine Vase mit den letzten schönen knall-roten Geranien«.

Der Garten, aus dessen Erinnerung Helmuth James neuen Mut schöpfte, war hart erarbeitet und der Natur abgerungen worden. Aus dem Gefängnis erteilte der Gutsherr deshalb auch Ratschläge: Freya möge sich der Pflege der Vögel annehmen, die verschiedene Schädlinge vernichteten; dann werde sie herrliches Obst ernten können. Kleine Bäume zur Aufforstung seien kein Problem; sie müssten nur gesund und gut bewurzelt sein. Doch Freya brauchte keine Anweisungen. Sie stand ihre Frau. Im Krieg hatte sie auch gelernt, Bienen zu halten, die nicht nur Honig garantierten, sondern auch in den Obstbäumen gute Arbeit verrichteten; und in den Bienenstöcken versteckte sie obendrein die Briefe ihres Mannes vor der Gestapo.

Nach dem Attentat vom 20. Juli 1944 flog der Kreisauer Kreis auf. Seine Mitglieder hatten sich auch noch nach der Verhaftung von Helmuth James von Moltke getroffen. Einzelverhöre und Einzelhaft folgten. Helmuth James wurde in das Gefängnis Berlin-Tegel verlegt, um Anfang Januar 1945 vom Volksgerichtshof unter seinem berüchtigten Präsidenten Roland Freisler zum Tode verurteilt zu werden. Die befreiende Gegenwart des Kreisauer Paradieses verlor an Kraft; an seine Stelle trat ein anderer Garten, trat Gethsemane. Die Angst wuchs. Der bittere Kelch ging an Helmuth James von Moltke nicht vorüber. Am 23. Januar 1945 wurde er im Gefängnis Plötzensee erhängt.

Der leidenschaftliche Gärtner:
Rudolf Borchardt

Am 30. August 1942 hatte das Afrikakorps bei El Alamein seine letzte Offensive auf ägyptischem Boden gestartet. Am 6. September war der deutsche Generalfeldmarschall Erwin Rommel gescheitert. Im fernen Stalingrad begann sieben Tage später die sechste Armee ihren Sturm auf den Stadtkern.

In diesen beiden blutigen Wochen des Zweiten Weltkrieges erschienen in der *Neuen Zürcher Zeitung* drei Artikel zum Thema »Der Mensch und die Blume«. Verfasser war der deutsche Schriftsteller Rudolf Borchardt, der am 9. Juni 1877 in Königsberg geboren war und damals in der Toskana lebte – als Mieter einer stattlichen Villa mit großem Park – und der schon längst zur Erkenntnis gelangt war, dass sich die Welt nicht an Gedichten regenerieren könne. Aber konnte sie es an Blumen und Gärten?

Nach dem 30. Januar 1933 hatte Borchardt alle Hoffnung fahren lassen, in Deutschland wirken zu können. Für die Nazis war der konservative Dichter ein jüdischer Schreiberling. Borchardt zog sich immer mehr zurück und kultivierte seine lebenslange Passion: den Garten, der ihm nicht nur das Ergebnis geschichtlicher Entwicklung war, sondern eine neue Form der Poesie, in der die Blumen die Worte ersetzten. Denn »die Blume zielt auf den Menschen. Darum blüht nur dem Menschen die Blume. Und darum ist nur das Kompendium des Menschen, der Dichter, der vollkommene Gärtner«.

Gegen das totalitäre System in der Heimat, das die Welt mit Verfolgung und Krieg überzog, setzte Borchardt den Garten, der ihm zu einem Gegenort wurde, in dem der Gärtner – wie der Dichter, nur mit anderen Mitteln – den Unterschied zur eigenen Zeit intensiv erlebte: »Wenn das Buch das Geistermittel ist, kraft dessen es menschlicher Freiheit vergönnt ist zu leben in welcher Zeit sie will und wählt, die Blume entfesselt die Freiheit der menschlichen Phantasie von den gleichen Gefängnissen des Raumes.«

Die Arbeit an seinem Gartenbuch, unterstützt von einem Zürcher Mäzen, sicherte Borchardt die Existenz. Damit war der Garten mehr als nur ein Luxus oder eine Spielerei. Der Autor hoffte zudem auf den Erfolg der geplanten englischen Übersetzung im Heimatland der Gartenliteratur. Doch nur die drei Schweizer Zeitungsbeiträge wurden veröffentlicht. Borchardt starb am 10. Januar 1945. »Der leidenschaftliche Gärtner« erschien erst postum im Jahr 1951.

Was hat man nicht alles in dieses Buch hineingelesen, in dem Borchardt die vom Menschen gezüchteten Kulturpflanzen preist, für klare Strukturen im Garten plädiert, sich für edle Sorten begeistert und die Vielfalt der Wildblumen verschmäht. Doch die Aussage: »Der Garten will den Gärtner« taugt wahrlich nicht, um aus Borchardt einen Sozialdarwinisten zu machen. Wie das Gedicht so ist auch die Blume Menschenwerk. Der Garten wird zu einer realen Anthologie, die ihre schöpferische Kraft aber nur entfalten kann, wenn sie »das uralte Traumbild und Wunschbild der Menschheit, das von einem Garten zu einem Garten, von Eden bis Gethsemane« spiegelt.

Ein solcher Garten ist grundsätzlich offen für Neues, er ist eine »gewaltige Demokratie«. Hier kommen Pflanzen und Samen aus aller Herren Länder gleichberechtigt zusammen, repräsentieren »die ganze Welt, in einen Zaun gefangen«. Gegen alte und neue völkisch Bewegte singt Borchardt das Hohe Lied auf den gestalteten Garten, in dem es nicht wild und ungeordnet zugeht. Hier überwindet menschliches Handeln und Wollen die biologische Vorbestimmung. Blumen, die an ihrem Ursprungsort ein anderes Klima gewohnt sind, werden geduldig an die neue Umgebung angepasst. Dieser *hortus conclusus* ist allerdings nicht pflegeleicht und erst recht nicht im Gartencenter zu finden. Die billige Massenware ist vulgär, das »ready made« der »Todfeind und die Negation der Liebhaberei«. Daraus entsteht nur »ein übertünchtes Grab«. Der Kommerz funktionalisiert die Blume rücksichtslos, während Borchardt ihre Individualität respektiert.

Der anspruchsvollen Gartenpoetologie ist zugleich ein umfangreicher »Katalog der Verkannten, Neuen, Verlorenen, Seltenen, Eigenen« beigegeben, der das profunde botanische Wissen des leidenschaftlichen Gärtners Borchardt dokumentiert und in dem Theorie und Praxis auf wunderbare Weise zusammenfinden. Die auf jahrelangen Erfahrungen beruhende Zusammenstellung bestätigt die Grundaussage des Buches: Auch an Blumen und Gärten kann sich die Welt nicht regenerieren. Aber der kunstvoll gestaltete Garten ist auch in widrigen Zeitläuften ein Ort der persönlichen Freiheit. Die nie endende Aufgabe des Gärtners besteht darin, Ordnung in die Natur zu bringen. Deshalb bedarf der Garten seiner »ständigen Liebe und Pflege«.

Fünfter Teil

FÜR DIE GESELLSCHAFT

Gemeinschaftlich:
Gärten verpflichten

Das Sommerbeet auf dem Falkenplatz in der Schweizer Bundesstadt ist in jedem Jahr ein Traum. Die kommunale Institution »Stadtgrün Bern« schafft hier einen Gartenraum wie aus dem Lehrbuch. Die Pflanzen sind exakt aufeinander abgestimmt und für die Jahreszeit ideal ausgewählt. Gertrude Jekyll, die geniale englische Gartenarchitektin, wäre begeistert!

Betrachten wir einen Pflanzplan näher. Für die vertikalen Strukturen sorgen der rotblättrige Wunderbaum (*Ricinus communis*), die gelbe Sonnenblume (*Helianthus annuus*), das silbergrüne Federborstengras (*Pennisetum setaceum*), die dunkelrote Hirse (*Pennisetum glaucum*) und eine buschige gelbe Dahlie. In der Fläche wirken in Gruppen gepflanzte kirschrote und gelbe Sonnenhüte (*Rudbeckia hirta*). Leuchtende Farbtupfer geben die purpurrote Buntnessel (*Plectranthus scutellarioides*) und ein zierlicher Salbei mit scharlachroten Blütentrauben (*Salvia coccinea*). Eingefasst wird das Beet von niedrigwachsendem, hellgelben Sonnenhut, der sich deutlich von der höheren Sorte unterscheidet, aber dennoch die Einheit der Komposition betont, von orange blühenden Zinnien (*Zinnia angustifolia*), der Neuseeland-Segge (*Carex comans*) und der Ziersüsskartoffel (*Ipomoea* »Sweetheart Light Green«), die mit ihrem hellgrünen Laub die Farbwirkung der blühenden Pflanzen unterstreicht.

Dass wir uns in vielen Städten an öffentlichen Grünflächen

ganzjährig erfreuen und Parkanlagen intensiv zur Erholung nutzen können, verdanken wir Stadtgärtnereien. Auch wenn in der Bevölkerung und in der Politik unstrittig ist, dass der Städtebau gartenplanerische Anliegen berücksichtigen muss, hängen die Gestaltungsmöglichkeiten von der finanziellen Situation der jeweiligen Kommune ab. In Bern belaufen sich die Nettokosten auf etwa zwanzig Millionen Franken im Jahr. Größere Stadtgärtnereien sind inzwischen Unternehmen, die auch privaten Anbietern Konkurrenz machen und kostenpflichtige Dienstleistungen erbringen.

Die Anfänge der städtischen Gärtnereien liegen im 19. Jahrhundert, als das ungebremste Wachstum vieler Städte im Zuge der Industrialisierung das Bedürfnis nach urbanen Grünanlagen verstärkte; die romantische Hoffnung auf Versöhnung mit der Natur beflügelte entsprechende Initiativen ebenso wie handfeste gesundheits- und sozialpolitische Interessen. Aufklärerische Projekte aus dem 18. Jahrhundert, als herrschaftliche Gärten für die Bevölkerung geöffnet wurden, waren Vorbilder. Erholung und Vergnügen im Grünen sollte nun aber nicht mehr allein dem flanierfreudigen Bürgertum gewährt werden, sondern auch ärmeren Schichten. Hinzu trat die Absicht, die aufstrebende Stadt durch prächtige Parks, breite Alleen und kunstvolle Esplanaden für Einwohner wie Besucher adäquat zu inszenieren.

Die Mittel, die zunächst aufgewandt wurden, waren bescheiden. Die städtische Gärtnerei in Bern startete 1877 mit einem Mitarbeiter. Die sukzessive Ausdehnung der Zuständigkeiten ließ den Personalstamm deutlich anwachsen. Heute sind an der Aare 200 Beschäftigte in Lohn und Brot. Diese Entwicklung ist repräsentativ: Die Betriebe kümmern sich um die Gestaltung von Parks und die Pflege von Grünflächen, aber oft auch um die Sicherheit von Spielplätzen, den Bau von Sportanlagen und die Gestaltung von Friedhöfen. Zugleich sind die Ansprüche der Bevölkerung an den Freizeitwert der Grünanlagen gestiegen, und die Belastung der Flächen durch den raschen Klimawandel hat zugenommen.

Die größte Herausforderung für die Stadtgärtnereien besteht heute darin, die divergierenden Bedürfnisse zu integrieren und zukunftsfähige Konzepte zu entwickeln und umzusetzen. Langfristigen Erfolg haben alle Anstrengungen aber nur, wenn sich Bürger für das öffentliche Grün engagieren. Der *citoyen jardinier* und die *citoyenne jardinière* dürfen nicht nur ihren eigenen Garten kultivieren, sondern müssen den Aktivitäten der steuerfinanzierten Stadtgärtnereien mit wachem – und kritischem – Interesse begegnen. Es genügt nicht, herrlich blühende Rabatten von Unrat freizuhalten; man sollte sich unter professioneller Anleitung aktiv an der Pflege der städtischen Natur beteiligen. Wer nicht invasive Neophyten systematisch bekämpfen will, kann bei sommerlicher Trockenheit Straßenbäume gießen. Kleine Freiflächen am Straßenrand laden auch Mieter zur Bepflanzung ein. Familiengärten und Urban-Gardening-Projekte sind ideale Orte der Begegnung. Gärtnerische Initiative im öffentlichen Raum ist eine ökologische Pflicht und eine sozialintegrative Aufgabe. Und wer keinen grünen Daumen oder keine Zeit hat, der kann immerhin eine Pflanzenpatenschaft übernehmen.

Praktisch: Der Blumentopf

Die Sehnsucht vieler Stadtbewohner richtet sich auf ein Häuschen im Grünen. Eine solche suburbane Residenz war schon um die Zeitenwende der Traum eines jeden gestressten Römers, der tagsüber in der Metropole präsent sein musste, um Politik zu treiben und sein Vermögen zu mehren, sich aber am Abend und über die Wochenenden zur Erholung auf das Land zurückziehen wollte. Doch nur die wohlhabende Elite konnte sich eine *villa suburbana* vor den Toren Roms leisten; der überwiegende Teil der Bevölkerung musste sich mit Balkongärten begnügen. Plinius der Ältere beschreibt, wie die Städter vor ihren Fenstern täglich das Bild einer Gartenlandschaft vor Augen gehabt hätten: Die Flachdächer, Balkone und Portiken der urbanen Häuser waren so konstruiert, dass sie begrünt werden konnten. Sie wurden mit Pflanzkästen bestückt, in denen Gehölze, Weinreben, Stauden, Blumen und sogar kleinere Bäume üppig gediehen. So imitierte man im Kleinen die Vorstadtvillen der Reichen: Die florale Zier der Pflanzgefäße brachte die Atmosphäre des Landlebens in die urbanen Zentren.

Aber auch in anderer Hinsicht erwiesen sich Kästen und Töpfe als unverzichtbar. In ihnen konnten nicht winterharte Pflanzen, die begeisterte Botaniker auf ihren Entdeckungsreisen seit dem 17. Jahrhundert aus aller Welt nach Europa eingeführt hatten, die kalte Jahreszeit überstehen, indem sie in Gewächshäusern und Orangerien Schutz fanden. Botanische Kostbarkeiten wurden in aufwändig gestalteten Gefäßen aus Bronze, Stein oder Porzellan inszeniert. Für die berühmten Bonsais, die japanischen Zwerggewächse, waren die Schalen, in die sie verpflanzt wurden, nicht minder wichtig als das Gehölz selbst; ihre vorherige Auswahl gestaltete sich so zeitintensiv wie die spätere Pflege, und besonders prächtige Exemplare wurden in handgefertigte Keramik gesetzt.

Tontöpfe waren für Gärtner seit frühesten Zeiten ein wichtiges Utensil. Wer es sich leisten konnte, kaufte besonders prächtig verzierte Exemplare – oder bevorzugte bestimmte Hersteller. Die Produkte der Compton Potters aus der Grafschaft Surrey waren im England des ausgehenden 19. Jahrhunderts besonders nachgefragt, weil sie von der gefeierten Gartenarchitektin Gertrude Jekyll empfohlen wurden. Absalom Harris' Blumentöpfe aus Farnham verkauften sich ebenfalls prächtig, weil Queen Victoria sie in ihren königlichen Gärten einsetzte. Wie sehr diese Erzeugnisse geschätzt wurden, bestätigt der Umstand, dass in den viktorianischen Gärten sogenannte *pot boys* mit Hilfe einer Lösung aus Wasser und Essig und einer Bürste die Gefäße im Herbst gründlich reinigten, damit sie im neuen Jahr herrlich anzuschauen waren.

Das 19. Jahrhundert erlebte die industrielle Fertigung von Blumentöpfen aus Ton, die im privaten wie professionellen Umfeld Verwendung fanden. Massenware war und ist preisgünstig, aber häufig nicht frostfest. Tongefäße, die dem Frost im Winter trotzen, müssen gesintert sein, d. h. mit so hohen Temperaturen gebrannt werden, dass sich die Poren im Ton schließen; nur so kann verhindert werden, dass später Wasser eindringt. Die entsprechenden Produkte sind am Preis zu erkennen.

Im 19. Jahrhundert produzierte der französische Gärtner und Unternehmer Joseph Monier Pflanzkübel aus Zement, Sand und Ziegelbruch, die mit Drahtgewebe bewehrt waren und dadurch dem Frost widerstanden. Seit der Mitte des letzten Jahrhunderts haben Töpfe und Kästen aus Polystyrol oder Polypropylen den Markt erobert. Sie ermöglichen nicht nur eine Vielfalt an Formen und Farben, sondern sind auch günstig. Wer sich den teuren Pflanzkübel vom Versandhandel nicht leisten kann oder will, kauft das billige Imitat im Baumarkt. So lässt sich Geld für die Bepflanzung sparen. Die ubiquitäre Verfügbarkeit preiswerter Pflanzkübel aus Kunststoff ist den einen eine demokratische Errungenschaft, den anderen Ausdruck einer Wegwerfmentalität, die sich auch der Gartenkultur bemächtigt hat.

Ausstattung und Gestaltung von Balkonen, Terrassen und Dachgärten mit Töpfen, Vasen und Kübeln spiegeln die botanischen Vorlieben und das ökologische Gewissen des Gärtners, aber sie kommunizieren zugleich seinen sozialen Status und seine ökonomischen Mittel. Monumentale Betontröge ermöglichen ein Arboretum neben dem luxuriösen Loft, frostfeste Tontöpfe aus den Abruzzen verschönern den geräumigen Balkon des Altbaus, und die Blumenkästen aus Aluminium schmücken die Terrasse der Designerwohnung. Die Pflanzgefäße dienen der Nobilitierung des häuslichen Umfeldes, zu dem die bunten Gärten auf Balkonen und Terrassen gehören. Wie die Pflanzen selbst so dienen auch die Pflanzgefäße der sozialen Distinktion. Sowohl der pulverbeschichtete Kübel als auch der Westerwälder Blumentopf sind Mittel der individuellen Selbstdarstellung und Ausdruck einer stratifizierten Gesellschaft.

Befreiend:
Der Garten als Ort der Emanzipation

Gärtnern macht allen Menschen Freude. Dennoch gaben über Jahrhunderte Gärtner den Ton an. Gärtnerinnen waren Gegenstand des Spottes oder gar der Aggression, auch wenn sie oft bestens über Heilkräuter und Küchengemüse Bescheid wussten. Hildegard von Bingen besaß im 12. Jahrhundert ein enzyklopädisches Wissen über die kurative Kraft von Pflanzen; doch der Meisterin vom Rupertsberg waren nicht ihre botanischen Kenntnisse von Nutzen, um als Frau in ihrer Zeit wirkmächtig zu werden, sondern allein ihre mystische Prophetie.

Erst Maria Sibylla Merian machte sich an der Wende vom 17. zum 18. Jahrhundert frei von den patriarchalischen Konventionen ihrer Zeit. Die passionierte Botanikerin und begabte Malerin verschrieb sich der exakten Naturbeobachtung. Ihren Mann ließ sie nach zwanzig Ehejahren sitzen. Zeitgenossen rieten ihr, sie solle sich endlich die Weibertugenden hinter die Ohren schreiben, statt Raupen, Maden und Würmer zu sammeln.

Es dauerte bis zum Ausgang des 19. Jahrhunderts, dass der Garten öffentlich von Frauen bestellt wurde. Bildung und Wissen waren die stärksten Waffen gegen virile Überheblichkeit. Die ersten Schulen für *Lady Gardeners* gab es, natürlich, in den Vereinigten Staaten und in England, dann aber auch in Deutschland und anderen europäischen Ländern. Obst- und Gartenbau wurde zu einem Vehikel weiblicher Emanzipation.

Englische Gärtnerinnen beeinflussten an der Wende vom 19. zum 20. Jahrhundert die Landschaftsarchitektur und Gartenplanung nachhaltig. Gertrude Jekyll etwa verhalf sowohl durch ihre Bücher und Artikel als auch durch ihre Entwürfe von über 400 Gärten der Arts-and-Crafts-Bewegung zum Durchbruch, die sich von den viktorianischen Gestaltungselementen mit üppigen Teppichbeeten abwandte, die Verwendung einheimischer Pflanzen favorisierte, auf harmonische Farbarrangements im Beet achtete und die Einheit von Haus und Garten betonte.

Es wäre zu einfach, die Hinwendung großer Gärtnerinnen auf anthropologische Konstanten und soziale Konditionierungen zu reduzieren. Die Verantwortung für Kinder und Küche sensibilisierte nicht notwendigerweise für Gartenfragen. Es war vielmehr die konsequente Fortsetzung aufklärerischer Freiheit, die es den Frauen erlaubte, in Park- und Gartenanlagen ihre Ideen ohne Korsett zu verwirklichen und mit Kniebundhosen in produktive Konkurrenz zu den Männern zu treten. Die jugendbewegte Begeisterung für die Natur half, die traditionellen Geschlechterschranken im eigenen Garten zu überwinden und zumindest für begüterte Frauen neue Lebensräume zu öffnen.

Die gärtnerische Emanzipation war und blieb in Deutschland bis in die Mitte des 20. Jahrhunderts ein bürgerliches Phänomen, wie das Beispiel der Hamburger Lehrerin Alma de l'Aigle zeigt. Die Tochter eines Juristen versuchte, die Rosendüfte zwischen zwei Buchdeckeln einzufangen und ein Duftvokabular zu entwickeln. Auf mehr als 300 Seiten beschrieb sie 700 der schönsten und bekanntesten Rosen ihrer Zeit und reflektierte über ihre Geschichte und Pflege. Die Begegnung mit Rosen wurde zum emanzipatorischen Akt. Gegen das erdrückende Übergewicht chauvinistischer Traditionen erschloss sich die frauenbewegte und sozial engagierte Schriftstellerin eine eigene Gartenwelt und bildete sich zur Rosenexpertin fort. Sie schuf mit ihrer Klassifizierung der Düfte etwas Eigenes, doch blieb sie den Konventionen ihrer Zeit verhaftet. So riechen ihre Rosen nach »besonnter Mädchenhaut« und »ungelüfteten Zimmern«.

Zur Überwindung von exklusiven Gendergrenzen trugen vor allem intellektuelle Frauen bei, die im letzten Jahrhundert den Garten als historischen und kunstgeschichtlichen Gegenstand entdeckten, der an den männlich dominierten Universitäten geflissentlich ignoriert wurde. Marie Luise Gothein erschloss mit ihrer zweibändigen *Geschichte der Gartenkunst* am Vorabend des Ersten Weltkrieges Neuland. Die wissenschaftliche Autodidaktin zeigte überzeugend, dass die Geschichte der Gärten und der Gartenkunst ein anspruchsvolles Unterfangen ist, das nur der erfolgreich realisieren kann, der sich in verschiedenen Epochen und Disziplinen auskennt. Noch im hohen Alter lernte sie daher Sanskrit, um über die Gärten Indiens forschen zu können.

Auch über einhundert Jahre nach ihrem Erscheinen ist Gotheins große Erzählung der Ausgangspunkt jeder Beschäftigung mit Gartenkunst, weil hier auf höchst anregende Weise Garten- und Kulturgeschichte miteinander verwoben wurden – zum Zwecke der wissenschaftlichen und gärtnerischen Emanzipation der Frau.

Professionell:
Gartenakademien

Im Juni 1880 steuerte der zweite Anglo-Afghanische Krieg auf seinen Höhepunkt zu. Die gartenbegeisterte Elite in England hatte jedoch andere Sorgen. Neun Jahre nach der Gründung des zweiten Deutschen Reiches befürchtete man auf der Insel, deutsche Gärtner übernähmen die englischen Parks und Baumschulen. Von Jahr zu Jahr, so war damals im ehrwürdigen *Gardeners' Chronicle* zu lesen, kämen mehr Gärtner über den Kanal und brächten die Arbeitsplätze ihrer englischen Kollegen in Gefahr.

Rasch entspann sich eine angeregte Diskussion über die Ursachen dieser Migration. Beobachter wiesen darauf hin, dass die Löhne in Deutschland wesentlich niedriger, die jungen Männer aber wissbegierig und des Englischen mächtig seien. Zudem biete ein Job im Vereinigten Königreich die Chance, dem ungeliebten Militärdienst in der Heimat zu entkommen.

Der entscheidende Grund für den Erfolg der deutschen Gärtner lag indes in deren »special qualifications«, wie ein zeitgenössischer Beobachter treffend feststellte. Worum ging es? Selbstverständlich gab es in Großbritannien herausragende Botaniker, Gärtner und Landschaftsarchitekten, und die 1804 gegründete Royal Horticultural Society genoss damals bereits hohes Ansehen. Aber der Gärtnernachwuchs drohte den internationalen Anschluss zu verlieren. Diese Entwicklung hing unmittelbar mit dem Wandel der Berufsbildung im 19. Jahrhundert zusammen. Im deutschen Kaiserreich professionalisierten Pädagogen und Politiker konsequent das System der beruflichen Qualifikation. Auch der Ausbildung der Gärtner kamen diese Veränderungen zugute. An die Stelle eines persönlichen Abhängigkeitsverhältnisses, das in England üblich war, trat die institutionalisierte Vermittlung von Wissen und die planmäßige Unterweisung.

Gartenbauschulen entwickelten sich zu Lehranstalten, die nicht nur die Söhne von Gutsbesitzern und die höheren Beamten der Verwaltung erzogen. Sie öffneten sich sozial, passten die Curricula den aktuellen Bedürfnissen an und erfüllten spezielle Aufgaben. Hier wurden Kenntnisse im Obst- und Weinbau vermittelt, dort standen die botanischen, kunsthistorischen und architektonischen Grundlagen der Landschaftsgärtnerei im Vordergrund. Viele Schüler hatten zuvor berufspraktische Kenntnisse erworben, die jetzt theoretisch vertieft wurden. Es gab mehrjährige Lehrgänge für angehende Gärtner, die später einmal Leitungsfunktionen erfüllen sollten, oder drei- bis vierwöchige Kurse für Praktiker, die bestimmte Kenntnisse erwerben und ihr Wissen erweitern wollten. Entsprechend differenziert waren die Anforderungen; für qualifizierte Lehrgänge war der vorgängige Besuch eines Gymnasiums oder einer Realschule vorausgesetzt. Damit wurde der Gärtnerberuf auch eine Alternative für manchen gescheiterten Gymnasiasten aus dem Bürgertum, dessen schulische Karriere vor der Maturität ein Ende gefunden hatte.

Allein in Preußen gab es drei königliche Institute: In Wildpark bei Potsdam bildete die Königliche Gärtnerlehranstalt seit 1824 grüne Eleven aus. Hier waren die Ansprüche hoch: Die Kandidaten mussten eine zweijährige Lehrzeit und die Reife für die Obersekunda nachweisen. Die Ausbildung dauerte mindestens zwei Jahre, konnte aber auf vier ausgedehnt werden. Die Vermittlung wissenschaftlicher Zusammenhänge gehörte zum Lehrplan; der praktische Teil des Unterrichts stand unter der Leitung der Hofgärtner und erfolgte im Botanischen Garten in Schöneberg, in den königlichen Gärten in Potsdam und auf der Pfaueninsel. Die Einrichtung war so erfolgreich, dass sie 1903 zusammen mit dem Botanischen Garten nach Berlin-Dahlem verlegt wurde. Bald danach verließ man die Schule nicht mehr als Obergärtner, sondern als diplomierter Gartenmeister.

In Geisenheim am Rhein wurde 1872 die Königlich-Preußische Lehranstalt für Obst- und Weinbau gegründet. Der zweijährige Ausbildungsgang setzte den Besuch eines Gymnasiums oder einer Realschule bis zur Tertia voraus; kürzere Spezialkurse richteten sich an Gärtner ohne diese Qualifikation. Im oberschlesischen Proskau bei Oppeln wiederum wurde am Königlichen Institut, das 1881 seine Tore öffnete, vor allem Wissen rund um den Obstbau vermittelt; die Schüler profitierten von den pomologischen Forschungen, die dort betrieben wurden.

Auch in den anderen deutschen Ländern gab es Lehranstalten für Gärtner, zu denen Obst- und Gartenbauschulen traten, die regionale Vereine ins Leben gerufen hatten. Die Professionalisierung des Berufs, die Diversifizierung der Tätigkeiten und die Realisierung einer quasi-dualen Ausbildung, die theoretisches Wissen und praktische Fertigkeiten zusammenführte, sind Entwicklungen, die durch die offensive Bildungspolitik des deutschen Kaiserreiches angeregt oder verstärkt wurden. Die Beobachter aus England nahmen die Erfolge mit Erstaunen zur Kenntnis. Bis heute prägen die Reformen aus dem 19. Jahrhundert das Berufsbild des Gärtners in Deutschland.

Vermarktet: Die Gartenschauen

Es wird Ihnen gehen wie mir, wenn Sie eine Gartenschau besuchen. Nach der ersten Begeisterung für die herrliche Gestaltung der Landschaft beschleicht einen spätestens bei der dritten allzu üppig bepflanzten Blumeninsel die ketzerische Frage, ob das viele Geld hier wirklich lohnend investiert wurde. Und von diesen Ausstellungen gibt es nicht gerade wenige. Die Bundesgartenschau (BUGA) findet im Zweijahresrhythmus in wechselnden Städten statt; alle zehn Jahre positioniert sie sich als Internationale Gartenbauausstellung (IGA). Der föderalen Gliederung Deutschlands verdanken wir darüber hinaus die Landesgartenschauen.

2017 zählte die Internationale Gartenschau in Berlin 400 000 Besucher weniger als erhofft. Es blieb ein Loch in der Kasse; die Verantwortlichen trösteten sich, dass ein Volkspark entstanden sei. Die Landesgartenschau im hessischen Bad Schwalbach war 2018 ein regelrechter Reinfall; die Besucher kamen nicht, und aus der öffentlichen Hand flossen Subventionen in Millionenhöhe. Ein wenig frequentierter Kurpark ist geblieben.

Die großen Schauen stehen vor der Herausforderung, divergierende Ziele unter einen Hut zu bringen. Begründet im langen 19. Jahrhundert, wollten und wollen sie einem breiten internationalen Publikum die Leistungsfähigkeit des deutschen Gartenbaus demonstrieren. An der Ausrichtung der BUGA und IGA beteiligen sich daher die nationalen Vertretungen einschlägiger Organisationen und Verbände. Schirmherr ist aber der Bundespräsident, auch wenn er keinen grünen Daumen hat.

Die Schauen sollen auch neue Möglichkeiten urbanistischer Entwicklung eröffnen. Die äußerst erfolgreiche BUGA in Mannheim schuf 1975 auf 42 Hektar eine der schönsten Parkanlagen Europas: Am linken Neckarufer entstanden im Oberen Luisenpark Wohnräume im Freien, die der Bevölkerung der Industriestadt zur Entspannung und Erholung, zur Bildung und Unterhaltung dienten. Auch bei der Bundesgartenschau 2019 wurden in Heilbronn große städtebauliche Ziele avisiert: Ein neues urbanes Quartier wurde geplant und dafür sogar eine Bundesstraße verlegt sowie ein Flussufer renaturiert.

Schließlich gibt sich heute niemand mehr mit einer Freizeitwiese, einem Weiher und einem Pflanzenschauhaus zufrieden. In Heilbronn reichten 40 Hektar gestaltete Fläche nicht aus. Über 5000 Veranstaltungen fanden sich im Programmheft. Kaum ein Wunsch blieb unerfüllt: Die Eventkultur ist im Grünen angekommen.

Doch Kritik wird lauter. Zum einen sind es die Kosten, die nicht nur die Rechnungshöfe monieren. Die Hoffnungen, dass die Ausstellungen kostenneutral realisiert werden könnten, sind längst zerstoben. Die teuren Gartenschauen werden über Steuermittel kofinanziert. Zum anderen sind größere Eingriffe in die Landschaft, die bis in die 1970er Jahre kaum auf Widerstand stießen, immer schwerer zu vermitteln. Protest formiert sich, wenn Kettensägen und Planierraupen zum Einsatz kommen; und wenn die Landschaftsgärtner gar Feuchtwiesen trockenlegen, hört der Spaß für viele grün bewegte Zeitgenossen ganz auf.

Dennoch wird mutig weitergeplant. 2021 hat Erfurt an seine große Tradition angeknüpft und die BUGA nach Thüringen geholt, wo 1865 die erste Allgemeine Deutsche Gartenbauausstellung stattgefunden hatte. Ambitionierte städtebauliche Projekte in der Landeshauptstadt und in zahlreichen Außenstandorten standen auf der Agenda. Mitten im Egapark errichtete man für viel Geld ein mächtiges Klimahaus, das den Besuchern ermöglichte, wasserarme Küstenzonen und wasserreiche Regenwaldregionen besser zu verstehen. Das beliebteste Fotomotiv war indes ein 6000 Quadratmeter großes Blumenbeet, das von grünem Rasen eingerahmt wurde. Für 2023 hat Mannheim den Zuschlag erhalten, um dort die Erfolgsgeschichte von 1975 fortzuschreiben.

Wichtiger als der berechtigte Zweifel, ob es nicht zu viele dieser Gartenschauen gibt, ist die Erkenntnis, dass diese Veranstaltungen nur dann Erfolg haben werden, wenn sie der Stadtentwicklung nachhaltige Impulse verleihen und nicht nur ephemere Akzente setzen. Langfristig nutzbare Park- und Gartenanlagen können angesichts gewachsener Strukturen allerdings nicht mehr *ex nihilo* geschaffen werden. Urbanistische Projekte, die den öffentlichen Park für eine städtisch-industrielle Gesellschaft quasi neu erfanden, konnten in den ersten Jahrzehnten nach dem Zweiten Weltkrieg realisiert werden; heute sind sie nicht mehr konsensfähig, schon gar nicht im Rahmen von Gartenschauen. Der ökologische Mehrwert und der soziale Nutzen dieser Ausstellungen ist nur dann noch überzeugend zu vermitteln, wenn die Landschaftsgestaltung mit minimalen Eingriffen einhergeht und nicht dem absoluten Wunsch nach Veränderung Folge leistet. Das Vorhandene muss neu entdeckt, Veränderungen auf das notwendige Maß reduziert und der *genius loci* bewahrt werden.

Gefährlich: Viren im Garten

Im Jahr 1898 untersuchte der niederländische Biologe Martinus W. Beijerinck kranke Tabakblätter. Das Phänomen hatte zuvor bereits einige seiner Kollegen beschäftigt. Woher kamen die hellgrünen Flecken? Man wusste, dass Bakterien nicht verantwortlich sein konnten, da man mit Hilfe eines Porzellanfilters ein bakterienfreies Filtrat hergestellt hatte, das noch nach Monaten infektiös war und erst durch Erhitzen auf über 90 °C unschädlich gemacht werden konnte. Beijerinck nannte das Agens, das sich offenbar im Gewebe des Wirtes vermehrte, in der damals noch ubiquitären lateinischen Wissenschaftssprache *contagium vivum fluidum*, also »lebende ansteckende Flüssigkeit«. Ein Virus als Krankheitserreger war damit zum ersten Mal an einer Pflanze nachgewiesen worden.

Erst im Jahr 1935 gelang es, aus dem Saft erkrankter Pflanzen das Virus zu isolieren, das nach dem Schadbild an den Blättern »Tabakmosaikvirus« genannt wurde. Die Entwicklung der Elektronenmikroskopie machte dann die parallel angeordneten, länglichen Stäbchen des Virus sichtbar, die heute im großen Stil biotechnisch hergestellt werden, da sie eine hervorragende Leitfähigkeit besitzen und begehrte Kabelelemente in der Nanotechnologie sind.

Das etwa 300 Nanometer lange Virus ist genetisch erstaunlich stabil, leicht übertragbar und bleibt auch noch nach 40 Jahren ansteckend, selbst wenn der pflanzliche Wirt längst zugrunde gegangen ist. Im Laufe der Evolution scheint es gelernt zu haben, auch in einer feindlichen Umwelt zu überleben. Übertragen wird dieses Virus nicht nur durch infiziertes Saatgut und kontaminiertes

Werkzeug, sondern auch vom Menschen, wenn an dessen Händen Reste fermentierten Tabaks kleben.

Das Tabakmosaikvirus zählt zu einer Gruppe von Viren, die nicht nur Tabak, sondern zahlreiche weitere Pflanzen befallen, darunter Tomaten, Hopfen, Paprika und Gurken. Die Blätter verfärben und kräuseln sich, während Blüten und Früchte missgebildet sein können. Die sogenannten Tobamoviren bilden indes nur eine einzige Gattung der zahllosen Pflanzenviren. Dank moderner Technologien werden unablässig neue Viren entdeckt, beschrieben und klassifiziert. Viren sind omnipräsent. Sie spiegeln die Vielfalt der Schöpfung und die Dynamik der Evolution. Sie inkludieren, mutieren, kombinieren und transferieren Gene. Und sie werfen die für Biologen und Philosophen schwierige Frage nach dem Übergang von unbelebter zu belebter Welt auf.

Doch die Freude an der wissenschaftlichen Debatte wird dadurch geschmälert, dass Viren eben auch krankmachen, da sie in der Regel Wirtszellen, darunter auch Bakterien, zur Vermehrung brauchen und deren Erbgut quasi im eigenen Interesse umbauen. Deshalb wird gegen die viralen Parasiten Krieg geführt – nicht nur in Hospitälern und Laboren, sondern auch auf Feldern und in Gewächshäusern. Die wirtschaftlichen Schäden der durch Viren verursachten Pflanzenkrankheiten übertreffen um ein Vielfaches die Ertragsausfälle, die Bakterien, Pilze oder Tiere bei Gemüse- und Zierpflanzen, bei Obstgehölzen und in landwirtschaftlichen Kulturen verursachen. Dabei benötigen Viren Insekten, Fadenwürmer, Pilze oder Bakterien als Überträger (sogenannte Vektoren), damit sie über die Wurzeln oder durch Verletzungen in die Pflanzen gelangen. Während im Kartoffelbau zahlreiche Viren durch die Grüne Pfirsichblattlaus (*Myzus persicae*) verbreitet werden, wird ein die Zuckerrübe schwer schädigendes Virus durch einen im Boden lebenden Pilz weitergegeben.

Obstkulturen sind ebenfalls betroffen. Die durch das Plumpox-Virus verursachte Scharkakrankheit hat in ganz Europa Myriaden von Pflaumenbäumen befallen und alte Sorten wie die Hauszwetschge unrentabel gemacht; auch anderes Steinobst ist betroffen. Das Citrus-tristeza-Virus hat weltweit seit 1950 nicht weniger als 80 Millionen Zitrusbäume vernichtet. Noch verheerender wütet das Cacao-swollen-shoot-Virus, das durch Schmierläuse auf den Kakao-Baum übertragen wird; auf westafrikanischen Plantagen sollen ihm über 200 Millionen Bäume zum Opfer gefallen sein. Viren, die Getreide schädigen, gefährden die Versorgung mit Grundnahrungsmitteln. In den Ländern südlich der Sahelzone breitet sich zur Zeit rasch ein aggressives Virus aus, das die widerstandsfähigen Cassava-Pflanzen, die auch als Maniok bekannt sind und für die Ernährung einer halben Milliarde Menschen wichtig sind, infiziert und die Wurzeln absterben lässt.

Wie kann man sich wehren? Die Pflanzenviren selbst sind nicht zu bekämpfen. Im Gewächshaus wie im Hausgarten, auf dem Feld wie im Weinberg bleiben nur präventive Maßnahmen, die Verwendung von virusgetestetem oder virusfreiem Vermehrungsmaterial und strenge Hygienevorkehrungen – sowie die Hoffnung auf virusresistente Neuzüchtungen. Effektiv scheint die Bekämpfung der Insekten und anderer Vektoren, die das Virus übertragen. Aber häufig werden dann auch Nützlinge vernichtet, und das ökologische Gleichgewicht ist nachhaltig gestört. Wenn es richtig schlimm kommt, helfen nur Eisen und Feuer: Es heißt zu roden und die geschädigten Pflanzen rückstandslos zu verbrennen.

Systemisch:
Schädlingsbekämpfung

Mein Großvater war im Nebenerwerb als Obstbauer tätig. In den 1960er Jahren habe ich ihn jedes Frühjahr »zum Spritzen« aufs Feld begleitet. Der Leiterwagen war anfänglich noch mit chemischen Kampfstoffen wie dem »Schwiegermuttergift« E 605 gefüllt, das dann sukzessive durch Metasystox ersetzt wurde. Der feine Sprühnebel befreite die Obstwiese effizient von schädlichen Insekten. Über die Kollateralschäden für Mensch und Tier dachten wir damals nicht nach.

Ein halbes Jahrhundert später ist mein Giftschrank so gut wie leer. Ein leicht neurotoxisches Insektzid steht dort noch herum, findet aber keine Verwendung mehr, weil ein furchteinflößender Aufkleber vor den Risiken für Mensch und Umwelt warnt. Die Schneckenkörner sind auch schon in die Jahre gekommen, da ich die Gemüsebeete inzwischen durch Schneckenbleche effizient gegen die gefräßigen Eindringlinge schütze.

Heutzutage werden Blattläuse und Spinnmilben biologisch bekämpft: mit Spritzbrühe und Nützlingen. Klug gewählte Pflanzengemeinschaften wehren Schädlinge ab und nutzen Ressourcen effizient. Bodenhilfsstoffe wie Kompost und Gesteinsmehl stärken die Pflanzen und machen sie weniger anfällig. Unkraut wird von Hand gejätet; Totalherbizide wie Glyphosat haben im häuslichen Grün ohnehin nichts verloren.

Dennoch bleiben nicht nur für den ökologischen Landwirt,

sondern auch für den umweltbewussten Gärtner hinreichend Herausforderungen. Im feuchten Klima Mitteleuropas ist Pilzbefall für den Anbau von Wein und Erdbeeren sowie von Tomaten und Kartoffeln ein permanentes Problem. Und der Pilz Monilia verursacht bei vielen Obst- und manchen Ziergehölzen Spitzendürre und Fruchtfäule. An wirksame Kupfer- und Schwefelpräparate, die etwa im biologischen Weinbau eingesetzt werden dürfen, kommt man nicht mehr ohne weiteres heran. So bleiben synthetische Fungizide – und die Hoffnung auf Mikroorganismen, die schädliche Sporen vertreiben sollen.

Der Pflanzenschutz hat sich innerhalb weniger Generationen grundlegend gewandelt. In den ersten Jahrzehnten des 20. Jahrhunderts herrschte ungebremster Fortschrittsoptimismus: Die wissenschaftliche Beschäftigung mit Schädlingen und die immer vielfältigeren Möglichkeiten ihrer chemischen Bekämpfung hatten die Schäden an Nutz- und Zierpflanzen sowie die Ernteverluste drastisch reduziert. Die Rückstände, die chemische Mittel hinterließen, interessierten allerdings nicht, und die Schadschwelle, die man beim Anbau im privaten Garten wie auf dem landwirtschaftlichen Acker zu tolerieren bereit war, wurde immer niedriger.

Eine Zäsur bedeutete das Buch *Silent Spring* der amerikanischen Biologin und Wissenschaftsjournalistin Rachel L. Carson, das 1962 erschien. Die deutsche Übersetzung *Der stumme Frühling* war bereits ein Jahr später in den Buchläden zu haben. Der Bestseller enthielt ein Plädoyer gegen den Einsatz chemischer Pflanzenschutzmittel und war der erste »Ökoklassiker«, der die Wahrnehmung der Umwelt auf dem ganzen Globus veränderte und dessen Bedeutung bald mit Harriet Beecher Stowes *Onkel Toms Hütte* und Charles Darwins *Entstehung der Arten* verglichen wurde. Carson warnte eindringlich vor den verheerenden Folgen des exzessiven Pestizidgebrauchs in der Landwirtschaft: Der Einsatz des höchst wirksamen Insektizids DDT, so prophezeite sie in einer düsteren Vision, führe zu einem massiven Vogelsterben und damit zu einem

»Frühling ohne Stimmen«. Ihr Buch wurde zum Gründungsmanifest der weltweiten Umweltbewegung. 1971 veröffentlichte Alwin Seifert den ökologischen Ratgeber *Gärtnern, Ackern – ohne Gift.* Dass der Naturschützer einst beim nationalsozialistischen Autobahnbau als »Reichslandschaftsanwalt« gewirkt hatte und völkischem Gedankengut verpflichtet war, tat dem Erfolg des Buches keinen Abbruch: Innerhalb von zehn Jahren wurden mehr als 200 000 Exemplare verkauft.

Integrierter Pflanzenschutz heißt die aktuelle Botschaft, die biologische und chemische Methoden der Schädlingsbekämpfung verbindet. Aber die Diskussion um den Einsatz von Chemie auf dem Feld und im Garten ist zumindest in weiten Teilen Westeuropas dogmatisch verhärtet. Differenzierungen sind in diesem Glaubenskrieg nicht erwünscht. Ob indes der Öko-Kreuzzug den Pflanzen immer hilft, sei dahingestellt.

Hilfreich: Ratgeberliteratur

Viele gebundene und broschierte Bücher versprechen, ein wirksames Antidot für den gestressten Stadtbürger zu sein, der seine Sehnsucht nach dem »verlorenen Paradies« mit grüner Lektüre stillen möchte. Doch ist die Ratgeberliteratur für den Gartenfreund wirklich hilfreich? Der Markt wird überflutet von einschlägigen Titeln. Die einen geben praktische Anleitungen, die anderen versprechen gelehrtes Wissen.

Wenn es um konkrete Fragen der Gestaltung, Anlage und Pflege von Gärten geht, sollte man sich nie blind einem einzigen Experten anvertrauen, selbst wenn Klappentext und Autorenporträt auf Kompetenz und Erfahrung schließen lassen. Auch in der Gartenpraxis lohnt es immer, eine Zweitmeinung einzuholen! Eher auf der sicheren Seite ist, wer zu den Publikationen fachkundiger Gesellschaften und einschlägiger Institutionen greift, etwa der Botanischen Gärten oder Gartenbaugesellschaften wie der Royal Horticultural Society. Meist zuverlässiger als das geschriebene Wort ist jedoch der in der unmittelbaren Nachbarschaft eingeholte Rat. In Baumschulen und Gärtnereien wird ebenfalls profunde Auskunft gegeben – ganz im Gegensatz zu den Gartenabteilungen von Baumärkten, wo ein meist nur oberflächlich geschultes Personal oft schon mit einfachen Anfragen überfordert ist.

Die zahlreichen Gartenjournale versprechen vielfältigen Lesegenuss. Der visuelle Reiz ist meist wichtiger als die sachliche Information. Man hat eine breite Auswahl: Die Kraut-und-Rüben-Fraktion auf dem Land wird ebenso befriedigt wie die gut betuchte

Gartenklientel in den Villenkolonien und die ambitionierten Urban Gardener in den Innenstädten. An jedem Kiosk werden Hochglanzbroschüren verkauft, die den deutschen Gartenjournalismus zu neuen Höhen führen wollen. Man gibt sich kosmopolitisch, reist von Axel Munthes Villa »San Michele« zu Peggy Guggenheims Kunstgarten am Canal Grande, besucht einen englischen Park an der Themse und reflektiert über «Community Gardens« in New York. Besonders viel Mühe wird auf Rubriken wie »V.I.P. & Garten« verwandt: André Heller und Yves Saint Laurent öffnen dann ihre Tore, und hinter der bemerkenswerten Alliteration »Zen und Zeder, Yak und Yeti« verbirgt sich mancherorts Reinhold Messners Südtiroler Burg Juval.

Religion, Musik, Keramik, Malerei und natürlich die Kulinarik: Alles traktieren die Zeitschriften im gärtnerischen Kontext, doch vieles bleibt ein *hortus siccus*. Hier ein historischer Farbtupfer, dort ein nettes Pflanzenporträt. Ganz nebenbei erfährt man, dass Napoleon I. nach der Schlacht von Jena und Auerstedt »Echte Erfurter Brunnenkresse« verzehrt hat. Was will man mehr? Eine Bastelecke für die Kleinen darf auch nicht fehlen, und natürlich werden private Anlagen mitsamt den stolzen Besitzern porträtiert. Viele Bilder, wenig Text, flotte Aufhänger. Alle diese Journale kann man zum Vorzugspreis abonnieren und eine Geschenkprämie wählen, die man schon immer haben wollte: eine Handgras-Schere in Designqualität oder einen ökologisch wertvollen Kompostierer für den Balkon.

Wer an Gartengeschichte und Gartenkunst interessiert ist, hat auch die Qual der Wahl. Jedes Jahr informieren neue Titel kurz und kompakt oder breit und ausführlich über die Gartenstile von der Antike bis in die Gegenwart, von Amerika und Europa bis Asien und Ozeanien. Natürlich wird jeder Leser die Gartenanlage vermissen, nach der er sein Staudenbeet gestalten will. Doch viele Bände sind vollgepackt mit kunsthistorischen, biographischen und kulturgeschichtlichen Informationen, die für die nächste Gartenreise hilfreich sind. So kann man lernen, dass ein Ausdruck der Überraschung im frühen 18. Jahrhundert von dem französischen Gartentheoretiker Antoine-Joseph Dézallier d'Argentille für einen Graben verwendet wurde, der – vom Garten aus nicht erkennbar – das Weidevieh davon abhalten sollte, in die Anlage einzudringen. Der durch ein solches »Aha« unverstellte Blick ermöglichte die Sicht auf die umgebende Landschaft, in die sich der Garten optisch optimal einfügte. Die Lektüre solcher Werke muss vergnüglich und verständlich sein und weitere Aha-Erlebnisse bereiten. Sonst sollte der Band besser in der Auslage der Buchhandlung verbleiben.

Was indes in keiner halbwegs gut sortierten Gartenbibliothek fehlen darf, ist das *Handwörterbuch der Pflanzennamen*, das der Botaniker Robert Zander 1927 im Auftrag des Reichsverbands des deutschen Gartenbaus in erster Auflage herausgegeben hat und das inzwischen in 19. Auflage vorliegt. Mit diesem Standardwerk kann sich jede Gärtnerin und jeder Gärtner zuverlässig über den korrekten Namen seiner Pflanzen informieren und sich an die konkrete Gestaltung des eigenen Gartens machen.

Vielfältig:
Der Garten in den neuen Medien

Jeder ambitionierte Hobbygärtner kennt das Problem: Die Zucchini im Garten sind prächtig gewachsen, werden regelmäßig gewässert und haben viele Blüten, tragen aber kaum Früchte. Wenn der Austausch mit dem Nachbarn keine Aufklärung bringt, informiert man sich heute im Internet. Kaum sind die zentralen Begriffe in die Suchmaschine eingegeben, finden sich unzählige Links zu Gartenblogs. Dort werden zunächst erhellende Vergleiche mit Frauen angestellt, die nicht schwanger werden: Angeblich fehlt es in beiden Fällen am richtigen Dünger. Dann diskutieren Gemüseexperten über die Bestäubung mit dem Pinsel, um der Natur auf die Sprünge zu helfen. Schließlich gibt es noch die verschmitzten, aber politisch nicht korrekten Gartenfreunde, die aus der Überzahl männlicher Blüten ableiten, dass das Kürbisgemüse mit der Zeit gehe und eben homosexuell sei. Man muss einen langen Atem haben, um eine hilfreiche Antwort zu finden, nämlich im nächsten Jahr auf eine ertragreichere Sorte zu wechseln, die selbst bei feuchtkühler Witterung bis Oktober zuverlässig Früchte ausbilden kann.

Im Internet schlagen viele Herzen für den Garten. Es waren vor allem begeisterte Gärtnerinnen und leidenschaftliche Landschaftsarchitektinnen, die schon früh ihre Erfahrungen in digitalen Tagebüchern und Journalen veröffentlichten. Die Zeiten dieser hortikulturellen Pioniere ist aber längst vorbei. Die Kommerzialisierung hat auch die grünen Seiten ergriffen. Ihre Zahl ist nicht mehr zu überschauen. Inzwischen gibt es Verzeichnisse, die Orientierung im Dickicht der virtuellen Information versprechen. Die erfolgreichsten Blogs mit großen Fangemeinden präsentieren Werbung ohne Ende. Zwischen der Lektüre der Posts kann man überflüssige Newsletter abonnieren, unnütze Sämereien bestellen oder den häuslichen Gerätepark erweitern. Die nicht zensierten Kommentarspalten sind weniger in gärtnerischer als in anthropologischer Hinsicht aufschlussreich. Hier tummeln sich notorische Besserwisser, idealistische Weltverbesserer und nassforsche Dummschwätzer. Deren Expektorationen muss man ertragen, um doch noch zum ersehnten Eintrag der erfahrenen Bio-Gärtnerin vorzustoßen.

Doch wie zuverlässig sind die Informationen, die hier ausgebreitet werden? Wem soll der Newcomer Glauben schenken? Welchem Ratschlag ist zu trauen? Darauf gibt es keine pauschale Antwort. Denn jeder darf bekanntlich in dem neuen Medium seine Meinung kundtun. Wer Glück hat und Geduld aufbringt, findet bisweilen tatsächlich Hilfe für konkrete Probleme. Aber auch Enttäuschungen und Rückschläge sind vorprogrammiert. Differenzierte Erfahrungsberichte und detaillierte Bilderfolgen inspirieren zumindest für die Gestaltung des eigenen Gartens. Leser wiederum, die spezielle Interessen haben, können Gleichgesinnte finden, mit denen der Austausch lohnt, etwa über das spannende Experiment der Selbstversorgung in einer Großstadt (https://www.berlingarten.de/). Aber auch in die Provinz kann man enteilen und sich über die Anlage eines 800 Quadratmeter großen Hanggartens in der Ostschweiz unterrichten lassen (https://schweizergarten.blogspot.com/).

Humor und Selbstironie kommen glücklicherweise nicht zu kurz. Im Netz gärtnern die sechs Beet-Schwestern (https://beet-schwestern.net/) und ein Gartenfräulein (https://www.garten-fraeulein.de/). Man kann einen kleinen Horrorgarten besuchen, in

dem Blumen, Kohl und Rock'n'Roll zusammenfinden (https://
der-kleine-horror-garten.de/). Andernorts lässt sich feststellen, dass
nicht nur blaues, sondern auch grünes Blut es gerne anspruchsvoll
mag und kunsthistorische Ambitionen hat (https://gruenesblut.
net/). Besonders zu empfehlen sind indes die englischen Podcasts
der Royal Horticultural Society, die professionelle Ratschläge, zu-
verlässige Hilfe und spannende Nachrichten im jahreszeitlichen
Wechsel bieten (https://www.rhs.org.uk/about-the-rhs/publications/
podcasts/).

Es besteht dabei immer die Gefahr, dass man zu lange vor dem
Bildschirm hängenbleibt und das reale Leben im Garten verpasst:
Wer über Stunden nach einem Rezept für ein Gelee aus reifen Ho-
lunderbeeren sucht, droht zu vergessen, wie rasch die Vögel seinen
Strauch plündern können.

Doch die zu festen Zeiten ausgestrahlten Gartensendungen im
althergebrachten Fernsehformat sind keine wirkliche Alternative.
Wenn Ihr Garten alle Tipps, die an jedem Tag der Woche morgens,
mittags und abends über die Sender verbreitet werden, unbescha-
det übersteht, haben Sie Glück gehabt. Neben gut gemeinten Hin-
weisen gibt es aberwitzige Empfehlungen vermeintlicher Experten. Ökologisch bewegte Fundamentalisten wollen jede Schnecke
schützen und setzen daher die doppelte Zahl an Pflänzchen ins
Gemüsebeet; allerdings garantiert dieser Trick nicht unbedingt
eine reiche Ernte. Bisweilen drängt sich der Eindruck auf, dass in
den Studios die Kraut-und-Rüben-Fraktion die Herrschaft übernommen hat.

Am schlimmsten sind die Lifestyle-Formate. Nach dem Schö-
ner-Wohnen-Hype werden jetzt Gärten aufgehübscht. Wenn sogenannte Gartenprofis schweres Gerät über das Grundstück bewegt
haben, erkennen die Besitzer ihr Grün nicht wieder. Mit solchen
Sendungen kann man sich rasch einen repräsentativen Eindruck
über die gärtnerische Tristesse von Neubausiedlungen verschaffen.
Vor allem wird eine Entwicklung sichtbar: Das Haus erobert den

Garten. Neuer Wohnraum wird durch die gnadenlose Versiege-lung der Flächen erkauft. Überdimensionierte Terrassen, Outdoor-Küchen und Lounges sind die zentralen gestalterischen Elemente, deren Substruktionen mit Beton für die Ewigkeit gebaut werden. Die Bepflanzung des Areals ist zweitrangig. Man wüsste gerne, wie solche »Wohlfühlgärten« nach wenigen Jahren aussehen – und wie teuer ihre Renaturierung ist.

Wer dennoch auf das Fernsehen nicht verzichten will, dem sei die Königin aller Gartensendungen empfohlen, die natürlich auch von der Insel kommt: »Gardener's World«. Die Serie läuft seit 1968 in der BBC, und der unvergessene Geoff Hamilton hat sie welt-berühmt gemacht!

Schließlich:
Warum Mann und Frau gärtnern sollten

Die Essays, die in diesem Buch versammelt sind, wurden aus der festen Überzeugung heraus geschrieben, dass es immer lohnenswert ist, sich mit dem Thema Garten aus den verschiedensten Perspektiven zu beschäftigen. Der Garten ist alles andere als ein abseitiger Gegenstand. Er ist für jede Gärtnerin und für jeden Gärtner ein einzigartiges Projekt, das einen Ort der Freiheit und Selbstverwirklichung erschafft. Einleitend wurde ausgeführt, dass es jedoch der Gartenbildung bedarf, um einen persönlichen Gartenstil zu finden, der nicht schnelllebigen Moden unterworfen ist, sondern das Individuum mit all seinen Vorlieben und Vorzügen, aber auch seinen Ambivalenzen und Widersprüchen spiegelt. Wie die Persönlichkeit, so entwickelt sich auch der Garten auf jeweils ganz eigene Weise. Es wird Momente raschen Wandelns und gezielter Erneuerung geben, aber auch Phasen geduldigen Zuwartens und gewünschter Stagnation. Gärtnern führt zur Selbsterkenntnis, denn jeder Gärtner wird in seinem Garten seiner selbst ansichtig.

Damit nicht genug. Gärtnern fördert verantwortungsvolles Handeln. Mensch und Garten treten in eine dauerhafte, bisweilen lebenslange dialogische Beziehung, die den Gärtner dazu veranlasst, sein Tun und die Grenzen seiner Möglichkeiten regelmäßig kritisch zu reflektieren. Nichtstun ist keine Option. Um einen Garten muss man sich kümmern; und zu bestimmten Zeiten ist selbst in absichtlich verwilderten Gärten ein entschiedenes Eingreifen, ein kräftiger Rückschnitt oder eine mutige Verpflanzung notwendig. Die Pflege des Gartens, sei er auch noch so klein, ist eine Übung, individuelle Verantwortung für Umwelt und damit zugleich für die Gesellschaft zu übernehmen.

Wie überall, so will auch im Garten nicht alles glücken. Wer gärtnert, übt sich in Bescheidenheit und gewinnt die Einsicht, dass trotz größtem Engagement nicht alles gelingt. In christlichem Kontext spricht man von Demut, heute ist uns der Begriff der Frustrationstoleranz eher vertraut. Nicht aufgeben heißt die Devise. Auch schlechte Erfahrungen sind wichtig: Sie verdeutlichen zum einen, dass es natürliche Vorgänge gibt, die wir nicht beeinflussen oder gar ausschalten können. Zum anderen motivieren sie uns dazu, nach Lösungen zu suchen, um beim nächsten Mal bessere Ergebnisse zu erzielen. So entsteht Fortschritt im Gartenbeet und auf der Fensterbank, der uns an trüben Tagen durchaus zukunftsfroh stimmen kann.

Wer einen Garten bestellt, weiß um die Bedeutung der Tradition, die es zu pflegen gilt, um doch jedes Jahr aufs Neue zu erkennen, dass Veränderung nottut. Diese Herausforderung lässt sich nur meistern, wenn man Fremdes im Garten offen aufnimmt und Neuem gegenüber aufgeschlossen ist. Gärtnern war und ist daher nie ein Rückzug in eine abgeschlossene, hermetische Welt. Es lehrt vielmehr, wie wichtig die Auseinandersetzung mit Bekanntem und Unbekanntem ist, um den Aufgaben, die ein Garten in vielfältiger Weise stellt, gewachsen zu sein. Zugleich ist Gärtnern keine Sache für Einzelkämpfer. Im sozialen Miteinander ist die Freude über den gärtnerischen Erfolg größer, und die Enttäuschung über einen Misserfolg lässt sich in der Gemeinschaft besser ertragen. Aber auch die überreiche Ernte und die gesunden Sämlinge teilt man über den Zaun. Gärtnern integriert in unterschiedliche gesellschaftliche Strukturen und wirkt der sozialen Isolation entgegen.

Schließlich öffnet Gärtnern kreative Gestaltungsräume, in denen Natur und Kultur zusammenfinden. Einen Garten kann nur erschaffen, wer auf seine Phantasie vertraut, um sich vorzustellen, wie die Natur seine Wünsche umsetzen wird. Wie befreiend selbst ein literarisch imaginierter Garten wirken kann, hat die britische Schriftstellerin Frances Hodgson Burnett in ihrem Roman *The Secret Garden* aus dem Jahr 1911 beschrieben, der mehrfach, zuletzt im Jahr 2020, verfilmt wurde: Die Autorin des *Kleinen Lord* erzählt die Geschichte von Mary Lennox, die zunächst in Indien aufwächst, aber nach dem Tod ihrer Eltern als Waise zu einem Onkel nach England geschickt wird. Da dieser ständig abwesend ist, beginnt Mary sich in dem riesigen Schloss rasch zu langweilen. Doch eines Tages entdeckt sie hinter einer hohen Mauer den verborgenen Garten, den ihre verstorbene Tante einst zusammen mit ihrem Mann angelegt hatte. Dort verbringt Mary von jetzt an so viel Zeit wie irgend möglich. Als sie im Schloss ihren kränklichen Cousin Colin kennenlernt, nimmt sie ihn mit in den Garten. Gemeinsam mit dem Sohn der Haushälterin erkunden die drei Jugendlichen den *secret garden*. In diesen paradiesischen Gefilden erschließt sich ihnen eine bisher unbekannte Welt: Hier erfahren sie die befreiende Kraft eines Gartens, in dem Krankheit, Isolation und soziale Gegensätze überwunden sowie Natur und Mensch gleichermaßen zu neuem Leben erweckt werden: »There was every joy on earth in the secret garden that morning« – »Im geheimen Garten herrschte an diesem Morgen alle Freude auf Erden«.

Jeder Gärtner und jede Gärtnerin möge diese Freude zu welcher Tages- und Jahreszeit auch immer für sich entdecken und dadurch ein sich seiner selbst bewusster und freier Mensch werden.

Nachwort

Dieses Buch verdankt seine Existenz einer glücklichen Fügung: Durch die großzügige Förderung der Studienstiftung des deutschen Volkes erhielt ich in den 1980er Jahren die Möglichkeit, einen Teil meines Studiums in England zu verbringen. Dort erschlossen sich dem jungen Mann, der damals nur über gärtnerische Grundkenntnisse aus den großväterlichen Obst- und Gemüseanlagen verfügte, neue hortikulturelle Welten. Die Gärten der Colleges, die *cottage gardens* in der Nachbarschaft, die *meadows* in der *countryside* und die repräsentativen Parks der britischen Elite ließen mein Herz höher schlagen. Zahlreiche Exkursionen, die auch nach dem Studium fortgesetzt wurden, boten eine willkommene Gelegenheit, sich intensiver mit der Geschichte der Gartenkunst zu beschäftigen. Der intensive Austausch mit erfahrenen Gärtnern *in England's green and pleasant land* brachte praktische Ratschläge mit sich, von denen ich noch heute in meinem eigenen Garten profitiere. Vor allem aber faszinierte mich die inspirierende Verbindung von gärtnerischer Leidenschaft und intellektueller Neugierde, die ich in Deutschland so nicht erfahren hatte.

Deshalb danke ich allen englischen Freunden, die mich über viele Jahre mit in ihre Gärten genommen haben und an dem Reichtum ihres gärtnerischen Wissens teilhaben ließen. An erster Stelle seien Peter und Gail Heather genannt, deren wunderbarer *cottage garden* vor den Toren von Oxford immer für mich offen stand. Unzählige Stunden habe ich hier allein oder gemeinsam mit dem Freund gearbeitet, aber auch besondere Ereignisse – bei gutem und weniger gutem Wetter – gefeiert und in schwierigen Momenten des Lebens Trost gefunden. Besonders gut erinnere ich mich an die lebhaften Diskussionen über die Gestaltung des Gartens. Der Phantasie ließen wir freien Lauf, aber einige der Ideen sind im Laufe der Jahre auch umgesetzt worden.

Unvergesslich ist eine private Führung durch den Fellow's Garden des King's College in Cambridge, zu der mich Keith Hopkins 1999 spontan einlud, als er von meiner Gartenleidenschaft erfuhr. Stundenlang drehte sich unser Dialog um die grandiose Anlage jenseits des Flusses Cam. Auf dem Rundweg dozierte der englische Althistoriker mit profundem Wissen und überbordender Freude über die blühenden Stauden und die mächtigen alten Bäume. Von seiner warmen Anteilnahme war ich nicht wenig überrascht und durchaus berührt, da ich bisher einen ganz anderen Menschen kennengelernt hatte, der nur von seinem Fach, der Alten Geschichte, sprach und die Arbeiten seiner Kollegen mit feiner Ironie oder bösem Sarkasmus kommentierte.

Den größten Dank schulde ich Robin Lane Fox, dem langjährigen Gartenkolumnisten der *Financial Times* und berühmten Autor, der über viele Jahre hindurch am New College in Oxford Alte Geschichte unterrichtet hat. Dem Althistoriker bin ich zunächst als Student begegnet. Erst später habe ich den Garden Fellow kennengelernt, der mich auf eine Entdeckungsreise durch den College Garden mitgenommen hat. Über viele Jahre hat er mich ermutigt, meinen Garten auch literarisch zu bestellen. Mit seinen Veröffentlichungen hat er Maßstäbe gesetzt, und seine Gartenbücher sind unerreichte Vorbilder.

Von den englischen *fellow gardeners* derart bestärkt, habe ich in den letzten zwanzig Jahren mit unterschiedlichem Erfolg versucht, das Gartenthema in den Feuilletons der großen deutschsprachigen Zeitungen heimisch zu machen. Denn auch auf dem Kontinent gibt es ein zahlreiches Publikum, das an gärtnerischen Inhalten großes Interesse hat, wie allein schon ein flüchtiger Blick auf die jährlichen Neuerscheinungen auf dem Buchmarkt oder in das Internet zeigt. Die Leserinnen und Leser freuen sich über praktische Ratschläge und konkrete Tipps, aber auch kulturgeschichtliche Zusammenhänge und gegenwartsaktuelle Fragen werden gerne zur Kenntnis genommen. Auf der Grundlage einschlägiger Beiträge und Besprechungen, die ich in den letzten zwei Jahrzehnten in der *Frankfurter Allgemeinen Zeitung*, der *Süddeutschen Zeitung* und der *Neuen Zürcher Zeitung* veröffentlicht habe, ist daher dieses Buch entstanden, in das auch bisher nicht publizierte Essays aufgenommen sind.

Dass dieser Strauß zusammengebunden werden konnte, verdanke ich Dr. Christoph Selzer vom Verlag Klett-Cotta, mit dem mich seit Studientagen die Liebe zu England freundschaftlich verbindet. Doch nicht nur der verantwortliche Lektor, sondern der gesamte Verlag hat sich in herausragender Weise dafür eingesetzt, dass aus den Texten, die der Autor lieferte, ein Buch für Gartenbegeisterte geworden ist. Dafür danke ich allen Beteiligten.

Bern, im Oktober 2021
Stefan Rebenich

Pflanzen-, Personen- und Ortsregister

Pflanzennamen sind kursiv gesetzt.

Ecke, Adolf 48
Efeu 44, 75
Eibe 44, 118
Eiche 30
Eisenkraut 36
El Alamein (Ägypten) 152
Elias, Norbert 61
El Salvador 49
Elsass 118
Emhoff, Douglas 77
England 10f., 20, 35–37, 62, 65f., 89,
   107–109, 111f., 119, 138, 143, 147, 149,
   153, 157, 161, 163, 166–168, 183f.
Engler, Adolf 29
Epikur 14, 76
Erdbeere 150, 176
Erdmannsdorff, Friedrich Wilhelm
   von 62
Erman, Adolf 29
Ermenonville (Park nördl. Paris) 63
Esche 30, 39, 76
Eschwege, Wilhelm Ludwig von
   114
Europa 9–11, 13, 25–27, 48, 53, 59, 62,
   65, 67, 71f., 76, 89, 94, 102–104, 113,
   150, 160, 163, 170, 173, 176

F
Fallenstein, Georg Friedrich 74
Farnham (England) 161
Farn 55, 114f., 128
Farrand, Beatrix 71–73
Feige 13, 92, 124
Fenchel 127
Ferdinand II., portug. König 113f.
Fetthenne 36, 44
Fichte 95, 117
Fingerhut 34
Flieder 24, 150
Flöge, Emilie 137f.

Florenz 53, 69, 80, 82
Follen, Karl 119
Forsythie 23, 46, 72
Fouquet, Nicolas 60
Frankfurt am Main 111
Frankreich 10, 25f., 38, 59, 88f., 104,
   140, 161
Frauenminze 128
Freisler, Roland 151
Friedrich II., preuß. König 11
Funkie 39

G
Gänseblümchen 75, 136
Garten Eden (bibl. Ort) 138, 153
Geisenheim (am Rhein) 168
Gemmingen, Johann Conrad
   von 26
Generalife (Granada) 57f.
Georg, Kronprinz von Sachsen-
   Meiningen 70
George, Stefan 87, 133–135
Geranie 75, 150
Gerhardt, Paul 32, 34
Gesner, Konrad 25
Gethsemane (Jerusalem) 151, 153
Ginkgo 114
Goethe, Johann Wolfgang von 63,
   111f., 118, 125, 131
Gogh, Vincent van 20f.
Göring, Hermann 117
Gothein, Eberhard 76
Gothein, Marie Luise 87f., 97, 165
Götterbaum 74, 76
Granada (Andalusien) 56, 58
Granatapfel 13, 92, 124
Grant, Duncan 143
Gräser (Ziergräser) 44
   – *Federborstengras* 157
   – *Lampenputzergras* 39